Markus Barth

# Soja-Steak an Vollmondwasser

**Das Handbuch der überschätzten Lebensmittel**

Lappan

Für Angela
(Die besete von de besete)

„Angela, kann man die Rinde vom Manchego
eigentlich mitessen?"
„Natürlich! Aber warum willst du? Sind wir
im Krieg, oder was?"

# Inhalt

**Teil 4** **Leck mich am Arsch, sind wir**     **99**
           **kultiviert!**

**Anhang**                                          **123**

# Vorwort

Ich sag's mal vorsichtig: Beim Thema Ernährung sind in den letzten Jahren ein paar Dinge ein ganz klein wenig aus dem Ruder gelaufen. Gesunde Menschen haben plötzlich panische Angst vor Gluten, trinken nur noch Matcha Latte mit Mandelmilch und streichen sich Rote-Bete-Mus auf die staubige Reiswaffel. Jede Woche wird eine neue Superfood-Sau durchs Dorf getrieben, und selbst einigermaßen solide belichtete Wissenschaftler versichern abwechselnd, dass Butter – je nach Wochentag und Mondphase – entweder wahnsinnig gesund, wahnsinnig ungesund oder irgendwas dazwischen ist. Dann wälzen wir wieder Ernährungsratgeber, raspeln uns mit einem Spiralschneider ein paar traurige Zucchini-Spaghetti auf den Teller oder kämpfen uns durch den *arte* Themenabend „Grünkohl". Und während die Berliner Polizei militante Foodies von der Stürmung eines veganen Imbisses abhalten muss, bewerfen in Tiflis aufgebrachte Fleischfans die Besucher eines vegetarischen Cafés mit Mett.

So. Und in dieser Ernährungs-Gesamt-Situation, in der sich viele Besser-Esser benehmen wie Gremlins, die nach Mitternacht gefüttert, mit Wasser bespritzt und mit Starkstrom gekitzelt wurden, will ich also ein Buch über Lebensmittel schreiben. Haha, dufte Idee!

Dabei bin ich gar kein Arzt. Ich bin auch kein Ernährungswissenschaftler und kein Fitness-Guru. Ja verdammt, ich habe noch nicht mal die „eat smarter!" abonniert. Und ich kann auch keine der üblichen Ernährungs-Erweckungsgeschichten bieten. (Sie kennen das aus allen möglichen Diät-Büchern, da erzählt der Autor meistens, wie er von seinen liebenden, aber leider völlig verantwortungslosen Eltern mit Fischstäbchen und Kinderriegeln großgezogen wurde, bis er dann mit 14 am rechten Rippenbogen die erste Fettzelle entdeckte, verständlicherweise eine entsetzliche Panik schob und schließlich diese total einfache, alltagstaugliche und zugleich effektive Kombi-Diät aus Löschpapier und Gletscherwasser für sich entdeckte. So in der Art.)

Aber hier mein Totschlagargument: Ich esse gern. Und oft. Ich mache das auch schon recht lange, eigentlich mein ganzes Leben lang. Meistens ohne fremde Hilfe und bisher auch ohne größere Probleme (Dass ich mal voller Begeisterung einen ganzen Abend lang türkische Kürbiskerne gemampft habe, bis mir ein Freund erklärte, dass man die Schale eigentlich abmacht, vergessen wir einfach mal). Und für mich ist das die beste, wenn nicht sogar die einzige Legitimation, um ein Buch übers Essen zu schreiben. Hier also mein Angebot: Machen wir doch mal was total Verrücktes, pfeifen auf all die Ernährungswissenschaftler und Fitness-Gurus und verlassen uns kurz auf den, der immer noch am besten weiß, was uns schmeckt und was nicht: unseren Bauch.

Ich bin mir natürlich bewusst, dass ich mich damit auf verdammt dünnes Speiseeis begebe. Aber was soll's. Mein nächstes Buch schreibe ich dann eben wieder über ein weniger emotions- und konfliktgeladenes Thema.

Religion oder so.

*Köln, im Mai 2016, Markus Barth*

TEIL 1

Gesund!

Vegan!

Geschmacksneutral!

# Trendfood

# Chia-Samen

Chia-Samen! Du „Powerkorn der Mayas", du schwarz-krümelndes Reformhaus-Gold, du hochgehypete Hipster-Hirse, du Silberstreif am Konsumhimmel all jener, denen Quinoa schon zu mainstreamig ist: Ich ziehe meinen Hut vor dir! Die flitzeflinke Geschwindigkeit, mit der du ganze Biomarktregale annektiert und dich in elitäre Ernährungspläne gewanzt hast, die kann einem glatt den Spinatsmoothie aus der Hand wirbeln! Das Ganze ist umso erstaunlicher, als deine Verkaufsargumente, Chia, na ich sag's mal vorsichtig, ein bisschen dünn sind: „Guten Tag, liebe Besserverdiener, mein Name ist Chia-Samen, ich bin unfassbar teuer und schmecke nach nichts. Bitte rühren Sie mich ab jetzt täglich in Ihren lactosefreien Joghurt!" – „Juhuu! Na klar! Das machen wir!"

Vor ein paar Jahren kannte dich noch keine Sau, und jetzt bist du überall: im Brot, im Quark, im Knabberkeks. Chia, Respekt! Du bist der Elyas M'Barek unter den Lebensmitteln!

Verzeihung, „Lebensmittel" darf man dich ja gar nicht nennen. Ein „Superfood" bist du, mit Superkräften. Schnallst dir jede Nacht Korn für Korn ein kleines Superhelden-Cape um, bildest dann mit deinen Superfood-Kumpels, den Acai-Beeren, den Spirulina-Algen und der Acerola-Kirsche, quasi die Reformhaus-Avengers und rettest die Menschheit vor der drohenden Folsäure-Unterversorgung. Denn gesund, das bist du tatsächlich, Chia. Enthältst Thiamin und Kalium und Riboflavin, und wenn man dich noch ein bisschen genauer untersuchen würde, fände man bestimmt auch noch Spuren von Kryptonit und mehrfach ungesättigtem Feenstaub. Und wie jeder Superheld bist du ein Meister der Verwandlung: Wenn man dich in Wasser einweicht, bildest du eine Gelschicht um deine kleinen schwarzen Mausdreck-Körner. Das schmeckt dann zwar immer noch nach nichts, aber immerhin nach nichts mit Glibber. Respekt, Chia! Und ich dachte bisher immer, Green Lantern sei der unnützeste Superheld der Welt.

Die volle Kraft deiner Nährstoffe entwickelt sich laut Internet sogar erst „nach einer Einweichzeit von mehreren Stunden". Ja, genau so schaust du aus, Chia-Samen! Für dich stehe ich nachts um drei auf und weiche dich ein, damit ich morgens 'ne Einlage fürs kernige Buchweizenmüsli habe. Am Arsch! Vielleicht bist du aber auch eher was für Leute, die abends schon wissen, was sie am nächsten Nachmittag gerne essen würden. Leute, die sich nach dem Rosamunde-Pilcher-Film denken: „Ich könnte mir vorstellen, dass ich in sechzehneinhalb Stunden so ein leichtes Hüngerchen auf Dinkelschrot mit Chia-Samen bekomme. Am besten, ich setz das schon mal an!" Das sind vermutlich dieselben, die vor dem Schlafengehen schon den Frühstückstisch decken, in deren Kalender steht, wann die Bettwäsche gewechselt wird, und die beim Aufziehen der Sommerreifen schon den Termin für die Winterreifen ausmachen! Ein Streber-Korn, das bist du, Chia!

Aber weiter im Internet: „Chia-Samen lassen sich problemlos vier bis fünf Jahre einlagern, ohne ihren Geschmack einzubüßen". „Geschmack?" Haha! Da musste selbst ein bisschen kichern, oder, Chia? Styropor-Kügelchen lassen sich nämlich auch vier bis fünf, ach was sag ich, vierzig bis fünfzig Jahre einlagern, ohne ihren Geschmack einzubüßen!

Und dann steht da noch: „Wann probieren auch Sie die Kraftsamen der Maya?" Uh, „Kraftsamen"? Na, jetzt wird's aber eklig! Das klingt nicht nach Trendfood, das klingt nach Bullenzucht! Wer will denn bitte Maya-Kraftsamen schlucken? Am Ende wächst da in meinem Körper ein kleiner Maya heran, baut mir eine Sonnenpyramide auf die Milz und bricht dann irgendwann so alienmäßig durch die Bauchdecke. Na, schönen Dank!

Überhaupt: die Mayas, die Mayas! Kann mir irgendjemand mal erklären, wo dieser Maya-Hype gerade herkommt? Wenn die Kultur der Mayas so schlau und überlegen und fortschrittlich war, könnte man doch schon mal fragen, warum Yucatán heutzutage nicht von stolzen Maya-Königen mit imposantem Kopfschmuck beherrscht wird, sondern von besoffenen Amis mit Bierdosenhut!

Wenn man deine Propaganda-Seiten übrigens mal verlässt, wird's ganz schnell ganz schön traurig, Chia. Weißt du nämlich, wer fast genau dieselben Wirkstoffe enthält wie du? Genau, deine Superhelden-Nemesis: der Leinsamen. Haha! Leinsamen! Das ungeilste Korn der Welt! Leinsamen, das klingt doch direkt nach alten Damen mit Verdauungsproblemen und Lavendelkissen im Kleiderschrank. Chia-Samen dagegen klingt natürlich nach Friedrichshainer Popup-Cafés, in denen ganzkörpertätowierte Fleshtunnelträgerinnen liebevoll Sojamilchschaum vom Getreidecappuccino streichen.

Gut, dafür kostet ein Kilo Leinsamen auch nur ungefähr drei Euro. Ein Kilo von dir, Chia, du Körner-Kaviar, dagegen stolze 10 Euro. Aber das muss man verstehen, da kommt halt noch die Doofen-Steuer oben drauf.

Deine ganze Niedertracht begreift man übrigens erst, wenn man wirklich mal ein Müsli mit dir, Chia-Samen, isst. Dann hängst du dich nämlich zwischen alle Zähne wie frisches Schweinemett und bleibst da eisern hocken, sodass man den ganzen Tag mit der Zunge herumpiddeln und zwischen Lippen und Zahnreihen einen Unterdruck erzeugen muss, in der Hoffnung, dass der ganze Schlotz mal wieder rausgeht, aber so richtig schafft man's dann trotzdem nicht, und jeder, der einem begegnet, denkt sich: „Du lieber Himmel, dran denken: dem Barth schenken wir zum nächsten Geburtstag mal 'ne schöne Oral B."

Ja, Chia, sagen wir's doch mal, wie es ist: Im Grunde bist du nichts anderes als überteuertes Maya-Mett!

# Bärlauch

Sag mal, Bärlauch, kurze Frage. Ich hab gelesen, man bekommt mittlerweile: Bärlauchpesto, Bärlauchfladen, Bärlauchnudeln, Bärlauch-Brotaufstrich, Bärlauchsenf, Bärlauch-Frischkäse, Bärlauchkapseln, Bärlauch-Granulat, getrockneten Bärlauch, geschnittenen Bärlauch, gehackten Bärlauch, Bärlauchsalz, Bärlauchsaft, Bärlauchessig, Bärlauchöl, Bärlauch-Spätzle, Bärlauchwurst, Bärlauchbutter, Bärlauch-Burger, Bärlauch-Tinktur, Bärlauchkäse, ein 500-Teile-Bärlauch-Puzzle, das „I love Bärlauch"-Mousepad und natürlich die Handyhülle „Bärlauch im Sonnenuntergang" (für Samsung Galaxy und iPhone).

Jetzt meine Frage:

Es gibt also ernsthaft noch keine Bärlauch-Nuss-Nougat-Creme? Wunderbar! Patentanmeldung geht morgen raus.

# Tofu

Ach, Tofu, so viel wurde über dich schon geschrieben, da hieße jedes weitere Wort doch Chai Lattes nach Prenzelberg tragen. Nur eins noch: Folgendes Gespräch habe ich kürzlich am Nachbartisch eines Berliner Asia Imbisses belauscht – und ich finde, es sagt eigentlich mehr über dich aus als tausend Attila-Hildman-Bücher:

„Weißt du, woran mich der Geschmack von Tofu immer erinnert?"

„Woran?"

„Dass ich mal wieder tierisch Bock auf'n richtiges Steak hätte."

# Goji-Beeren

Guten Tag. Schön, dass Sie bei unserem Casting zum Superfood 2016 mitmachen. Stellen Sie sich doch bitte erst mal vor!"

„Ja, guten Tag. Ich bin die Frucht des Gemeinen Bocksdorns."

„Ah ... äh ... gut ... Das klingt jetzt erst mal so mittel-sexy. Hätten Sie noch 'nen anderen Namen anzubieten?"

„Natürlich: Wolfsbeere, Teufelszwirn, Hexenzwirn ..."

„Du lieber Himmel, wie wär's denn noch mit Furunkel-Frucht oder Gemeiner Eiterwarz? Im Ernst: Haben Sie nicht irgendwas ... Ansprechenderes?"

„Na ja ... in England nennt man mich Goji-Beere."

„Bäm! Da haben wir's doch schon! Sie sind die Goji-Beere, zu Deutsch: Glücksbeere!"

„Nee, Glücksbeere wäre doch eher Happiness Be..."

„Papperlapapp. Kann man Sie in Smoothies mixen?"

„Tja ... warum nicht?"

„Sehr schön. Smoothability: Check. Wichtig für Superfoods ist auch, dass sie von möglichst weit her kommen. Kommen Sie von weit her?"

„China."

„Aaaaah, das ist suboptimal. Bei China denken die Deutschen sofort an gemahlenen Tigerpenis und Smog über Peking. Da zieht die Reformhaus-Renate im selber gefilzten Wickelrock aber ganz schnell die Hand vom Regal! Werden Sie nicht auch noch woanders angebaut?"

„Mich gibt's auch in ganz Europa, Nordamerika, Australien ..."

„Australien! Da haben wir's doch schon: Goji-Beeren – die Energiespender der Aborigines! So machen wir das. Sind Sie denn auch ordentlich teuer?"

„Um ehrlich zu sein: Ich wachse teilweise sogar wild in Deutschland. Man kann mich quasi gratis vom Busch zupfen."

„Ts, ts, ts, das behalten wir mal schön für uns. Ich schlage vor: 20 Euro das Kilo. Natürlich in Bioqualität."

„Oh, das mit der Bioqualität – da achtet in China keiner so genau drauf."

„Schon vergessen? Sie kommen aus Australien."

„Ah."

„Wie sieht's denn mit Ihren medizinischen Vorzügen aus?"

„Also, es könnte sein, dass ich gut gegen Bluthochdruck bin, zur Stärkung des Immunsystems beitrage und vielleicht sogar eine positive Wirkung bei Krebserkrankungen habe. Ist aber alles nicht bewiesen."

„Okay, erste Regel für Superfoods: Den Konjunktiv lassen wir mal schön weg. Sie sind der Krebs-Killer, verstanden? Und der Blutdruck-Bändiger und die Immunrakete! Haben Sie doch mal ein bisschen Selbstvertrauen, verdammt!"

„Na ... na gut, wenn Sie meinen."

„Ja, meine ich. Und wissen Sie was? Da machen wir auch gar nicht mehr lange rum: Sie haben den Job! Sie sind unser neues Superfood 2016. Herzlichen Glückwunsch! Wir machen uns sofort an die Vermarktung. Haben Sie noch Fragen?"

„Ja: Wollen Sie mich vorher nicht wenigstens mal probieren? Manche Leute sagen nämlich, dass ich gar nicht so doll schmecke. Eher so ein bisschen... säuerlich und manchmal sogar bitter."

„Hahaha, Sie sind putzig! Da machen Sie sich mal bitte keine Sorgen: Wir haben den Leuten sogar schon Cranberries verkauft. Haben Sie schon mal ungesüßte Cranberries gegessen? Das schmeckt wie Arsch und Friedrich! Da hätten Sie vermutlich mehr Spaß, wenn Sie in eine getrocknete Zitrone aus den Grabbeigaben Tut Ench Amuns beißen würden. Aber dann haben wir die Dinger einfach so mit Zucker vollgepumpt, bis sie von einem Gummibärchen nur noch durch die Form zu unterscheiden waren, irgendwas mit freien Radikalen auf die Packung geschrieben und voilà: 15 Euro das Kilo. So, und jetzt gucken Sie mal nicht so säuerlich, Sie sind schließlich die Glücksbeere!"

„Goji-Beere."

„Ja ja, das auch. Ab ins Reformhaus!"

*Goji-Beeren. Oder Acai-Beeren. Oder Aronia-Beeren. Oder Hamsterköttel. Genau weiß das keiner. Ist aber auch egal, da spätestens nächste Woche irgendjemand das nächste Wunder-Food aus dem Ärmel zaubert.*

# Veganer Käse

Veganer Käse, du Teufelskerl! Du bist wohl das beste Beispiel dafür, dass man manchmal einfach nur den richtigen Moment für den großen Auftritt abwarten muss.

Weißte noch? Vor fünf Jahren alle so: „Igitt, Analogkäse, da ist ja kein bisschen Milch drin!"

Dann war's ein paar Jahre still, plötzlich kamst du und alle so: „Wow, veganer Käse! Da ist kein bisschen Milch drin!"

Timing ist halt alles.

Mir würden übrigens spontan ein paar Imbissbuden einfallen, die sich dieses Prinzip zunutze machen könnten. Ich sehe schon die großen Tafeln über „Berny's Buletten-Bazar": „Unsere Frikadellen – seit Jahrzehnten vegan! Ehrlich, da war noch nie Fleisch drin!"

Bin mir aber nicht sicher, ob die Leute dafür schon bereit sind.

# Wasser

Nee, Wasser, nicht gleich kochen, ich weiß: Man kann dich schlecht als „Trendfood" oder „überschätztes Lebensmittel" bezeichnen. Du bist schließlich das Einzige in diesem Buch, ohne das der Mensch definitiv nicht auskommt. Und falls jetzt die ersten Leute rufen: „Wieso? Ich brauche kein Wasser, ich trinke nur Cola und Bier", sind wir auch schon beim eigentlichen Problem: den Leuten!

Denn was der Mensch so alles aus und mit dir macht, Wasser, da kannst du ja wohl selbst nur ungläubig die H's und O's schütteln, oder? Ich meine jetzt gar nicht, dass viele schon solche Angst haben, nicht auf ihre „Mindestens-drei-Liter-am-Tag" zu kommen, dass sie sich kaum mehr trauen, ohne dich das Haus zu verlassen.

Nein, es geht mir eher um die Art, wie die Leute dich beschaffen, Wasser. Die Sache ist nämlich die: Theoretisch könnte in Deutschland jeder jederzeit den Hahn öffnen, sich ein Glas von dir zapfen und trinken. Bäm, fertig. Trinkwasser ist nun mal das am besten kontrollierte Lebensmittel im ganzen Land. Da wird man nicht krank, da fallen einem keine Haare aus, und solange man in seinem Haus keine Asbest-Plutonium-Leitungen mit Giftkrötenbefall und Salmonellen-Einspritzung hat, braucht man sich eigentlich keine Sorgen zu machen.

Eigentlich. Das Problem ist nämlich: Die Leute machen sich wahnsinnig gerne Sorgen. Und sie mögen's auch nicht so gern unkompliziert – oder hätte sich sonst jemals irgendjemand Windows 10 runtergeladen? Na also.

Also machen sie allen möglichen Quatsch mit dir, die Menschen. Nehmen wir mal die Wasserfilter: Solche Dinger haben viele in der Küche, da muss man regelmäßig neue Patronen kaufen („Kaufen" wiederum mögen die Leute nämlich sehr gerne!), und da stehst du dann drin rum, Wasser, gerne auch mal ein paar Tage, gerne auch ungekühlt, und wenn man der Stiftung Warentest glauben darf, bist du danach zwar weder sauberer noch weniger kalkhaltig, dafür aber voller Keime. Das ist dann in etwa so, wie wenn man sich ein Mettbrötchen kauft, dem Metzger aber nicht traut und das Brötchen „zur Sicherheit" noch ein paar Tage in die Sonne legt.

Wenn man ganz viel Pech hat, Wasser, schwimmt nach so einer Filterkur übrigens auch noch ein bisschen Silber in dir rum. Manche Filterhersteller packen das Zeug nämlich in ihre Patronen, und da schießt mir spontan eine kleine, aber wichtige Frage in den Kopf: WARUM? Gut, wenn man Werwolfjäger ist, könnte man natürlich hoffen, dass man irgendwann genug Silber im Körper angesammelt hat, um damit einen tödlichen Silberstrahl zu pinkeln. Andererseits, wer wird heute schon noch Werwolfjäger? Hört man ja ständig, dass die „IG Pfahl und Silberkugel" über Nachwuchsmangel klagt.

Vielen Leuten ist die Filterei aber zu doof und sie kaufen dich, Wasser, lieber im Supermarkt. Stilles Wasser aus Evian, Sprudel aus San Pellegrino (dass das eine zu Danone und das andere zu Nestlé gehört, diesen beiden grundsympathischen Megakonzernen, verschweigt man den ökologisch-ethisch korrekten Conscious-Käufern dabei geschickt) oder Vollmondwasser aus Bad Leonhardspfunzen (Ha, ha, ich gebe es zu: Dieses Wasser kam allein wegen des Ortsnamens in und auf dieses Buch!)

Dazu muss man wissen: Selbst das leichteste Wasser der Welt kommt nicht auf einem fliegenden Teppich in den Supermarkt gesegelt. Das muss man sich mal auf der Zunge zergehen lassen: Jeden Tag fahren Zillionen Lkw-Lastzüge durch die ganze Welt, damit die Leute im Supermarkt etwas kaufen können, was sie zu Hause fast umsonst bekommen. Wenn man das so liest, kann man schon ins Grübeln geraten, ob wir wirklich die Krone der Schöpfung sind, oder ob der Gemeine Wattwurm nicht mindestens genauso viel Anrecht auf diesen Titel hätte. Ja, ich weiß, viele kaufen Mineralwasser, weil es mit irgendwelchen Stoffen angereichert ist. Aber haben die sich jemals gefragt, ob man das ganze Zeug braucht, das da drin ist? Ich weiß es auch nicht, aber meiner Meinung nach bedeutet „anreichern" ja nicht zwangsläufig, dass du, Wasser, damit irgendwie wertvoller wärst, sondern dass halt noch was in dir drin ist. Insofern könnte man auch sagen, dass ich meine Toilettenschüssel mehrmals täglich „anreichere". Es wird aber noch viel doller: Um einen Liter Mineralwasser abzufüllen, braucht man nämlich rund drei bis vier Liter Leitungswasser und einen Viertelliter Erdöl. Ha, ha, merkste was, Wasser? Der Wattwurm hebt schon wieder schüchtern den nicht vorhandenen Finger! Noch dazu werden die meisten Mineralwässer in Plastikflaschen abgefüllt. Die werden dann im besten Fall recycelt, im schlimmsten Fall landen sie aber irgendwo im Meer, wo sie dich, Wasser, also das, was sie mal in reiner Form enthalten haben, verunreinigen.

Na, was sagste, Wasser?

Das ergibt alles keinen Sinn?

Ja, sorry, das hatte ich vergessen zu erwähnen: Sinn mögen die Leute auch nicht so gerne.

# Vitaminwasser

Und übrigens, Vitaminwasser: Eigentlich dachte ich ja, zum Thema Wasser wäre jetzt alles gesagt. Aber für dich muss ich doch noch mal ein extra Kapitel aufmachen. Aber auch nur, weil mir eben dieser alte Kinderwitz einfiel. Kennste bestimmt:

„Was ist flüssiger als Wasser?"
„Vitaminwasser. Das ist überflüssig!"

Hihi.
Kicher, rofl, lol!

# Karottengrün

Es ist ja manchmal verrückt, Karottengrün (und ja, Kohlrabigrün und Radieschengrün, ihr könnt euch gleich mit angesprochen fühlen!): Da schmeißen die Leute dich jahrzehntelang, ach, was sag ich: jahrhundertelang achtlos weg, ohne auch nur einmal drüber nachzudenken, ob ihr denn vielleicht auch essbar seid. Aber dann kommt irgendwann ein schlauer Fitness-Guru und sagt: „Obacht! Das Zeug kann man hervorragend in den Mixer stecken und einen leckeren grünen Smoothie draus machen!"

Und dann probiert man das aus und mixt und quirlt euch, bis die Moulinette glüht, schnippelt vielleicht noch ein Äpfelchen oder 'ne Banane hinein, raspelt frischen Kurkuma dazu, gibt 'nen Schuss Kokoswasser hinein und gönnt sich das Ganze als leichte Nachmittagserfrischung. Und dann kostet man und merkt erst dann:

„Mensch, das hatte schon seinen Sinn. Das mit dem Wegschmeißen!"

# Tempeh

"Le Tempeh, le Tempeh, wo kummt 'n des he?", um es mal frei nach Otto Waalkes zu sagen. Aus Indonesien kommst du, Tempeh, und bist der neue heiße Scheiß im Fleischverzichtsregal. Dort bist du mir direkt aufgefallen, denn es ist jetzt mal Zeit für ein Geständnis: Auch ich habe oft keinen Bock mehr auf totes Tier. Ja, ich weiß, starker Tobak. Da fällt vermutlich gerade die Hälfte meiner fränkischen Familie in Ohnmacht, und die andere Hälfte packt schon die ersten Carepakete mit Notfallpresssack und Wiederbelebungs-Schäufele. Aber es macht doch einfach keinen Spaß mehr. Wer sich heutzutage auch nur fünf Minuten damit beschäftigt, wie so ein Masthuhn eigentlich großgezogen wird, dem fällt doch fast automatisch der Chickenwing aus dem Mundwinkel. (Falls man im Netz überhaupt an Informationen dazu gelangt und sich nicht vorher schon ein Geflügelzucht-Sondereinsatzkommando in schwarzen Hähnchenkostümen durchs Wohnzimmerfenster schwingt und mit spitzen Schnäbeln den Router kaputt hackt). Aber nicht nur die Hühnerzucht ist ein Quell ewigen Grusels, beim Schweinefleisch sieht's ja kaum besser aus, und auch eine Pute ist im Grunde nichts anderes als Antibiotika mit Federn dran.

Da kann man schon mal ins Grübeln kommen. Und deswegen streift selbst ein Urfranke wie ich, der als Kind nicht mit „Alete Pastinake und Möhre" großgezogen wurde, sondern mit püriertem Schweinekrustenbraten und Wurstwasser, immer öfter durch den Supermarkt und sucht nach einem sinnvollen Leberknödelersatz.

Nur: Ihr Fleischersatzprodukte im Allgemeinen und du, Tempeh, im ganz Besonderen, ihr macht es einem echt nicht leicht, gell?

Das fängt schon bei der Optik an. Milchig weiß bist du, mit blassgelben Sojabohnen innendrin, was dir einen eher mittel-ansprechenden Wasserleichen-Teint verleiht. Dann hatte offensichtlich auch noch jemand die Idee, dich in Wurstform zu pressen und in Plastik einzuschweißen. Ich will nicht spoilern, aber: Das war eine schlechte Idee! So eine Sojabohne lässt sich nämlich ungern zusammenquetschen. Stattdessen drücken die Dinger von innen nach allen Seiten gegen die Plastikumhüllung, und das Ganze sieht dann aus wie eine italienische Edelsalami mit schlimmer Akne.

Das Thema Geschmack überspringe ich mal besser. Oder vielleicht nur so viel: „Siehe Tofu".

Okay, in veganen Foren habe ich gelesen, dass du frittiert ganz toll schmecken würdest, aber auch das muss endlich mal jemand klarstellen: ALLES schmeckt toll, wenn man es frittiert! ABSOLUT ALLES! Pommes, Käse, Wattestäbchen – ich kann mir nicht vorstellen, dass irgendetwas NICHT toll schmeckt, wenn man es in 200 Grad heißem Öl badet. Ich will dich nicht enttäuschen,

Tempeh, aber wenn Autoreifen in Fritteusen passen würden, gäbe es wahrscheinlich schon morgen die ersten Imbissbuden für „Riesen-Donuts".

Aber das alles wäre nicht so schlimm, hätte ich dann nicht noch den größten Fehler von allen gemacht: Ich habe dich gegoogelt. Du heiliger Soja-Quark, das hätte ich mal besser gelassen, was?

Bei Wikipedia steht nämlich Folgendes:

„Tempeh ist ein traditionelles indonesisches Fermentationsprodukt, das durch die Beimpfung von gekochten Sojabohnen mit niederen Schimmelpilzen entsteht."

Beimpfung! Mit Schimmelpilzen! Und dann noch niederen! Tempeh, Tempeh, wie kommt man denn auf so 'ne Idee? Wenn ich das richtig verstehe, bestehst du also nur aus Hülsenfrüchten, die von Schimmelpilzen zusammengehalten werden. Hui! Das kennt man ja sonst nur aus Studenten-WGs, in denen mal wieder das Chili im Topf vergessen wurde!

Ich hatte ja schon mal den Spruch gehört: „Iss nichts, was deine Großmutter nicht als Lebensmittel erkannt hätte." Aber der Satz „Iss nichts, was deine Großmutter dazu gebracht hätte, drei Kreuze zu schlagen, Weihwasser in alle Richtungen zu spritzen, den heiligen Chrysostomos anzurufen und dann schreiend davonzurennen, bevor sie sich angeschüttelt in die nächste Buchsbaumhecke übergibt" – also, der war mir neu!

Ach, na ja, vielleicht muss man sich einfach mal dran gewöhnen. Vielleicht heißt „auf Fleisch verzichten" eben, dass man auf Fleisch verzichtet. Und sich nicht irgendein Fleischersatzprodukt kauft, für das Sojabohnen in Monokultur gezüchtet und einmal quer über den Globus geflogen werden und dessen Herstellung klingt, als hätte Daniel Düsentrieb 'nen schlimmen Albtraum gehabt. Ich sage das nur, bevor nächste Woche auch noch jemand auf die Idee kommt, was weiß ich, Kidneybohnen anzuflämmen, zu halbieren und mit Nutella wieder zusammenzukleben, in eine Zentrifuge zu spannen, vier bis acht Stunden ordentlich durchzuzentrifugieren, danach in unterschiedlichen Farben anzumalen, mit Penicillin zu impfen, in Croissant-Form zu pressen und für teuer Geld als „Tömpöh" zu verkaufen. Wobei: Abnehmer gäbe es bestimmt. Frittiert schmeckt das nämlich ganz toll!

# Zartbitterschokolade

Ja ja, Zartbitterschokolade, ich weiß: Du bist ja so gesund und enthältst viel weniger Zucker als Vollmilchschokolade, und man hat ja auch weniger Heißhunger auf dich und flöt flöt flöt, das übliche Fit-For-Fun-Gewäsch eben.

Aber sind wir doch mal ehrlich: Wer Zartbitterschokolade kauft, „weil man davon viel weniger isst", der streut sich wahrscheinlich auch Reißnägel auf die Couch, „weil man dann da nicht so rumlungert", gell?

# Vollkorncroissants

Es gibt einfach Begriffe, die passen nicht so gut zusammen. „Montag" und „fröhlich" zum Beispiel. Oder „BMW-Fahrer" und „rechte Spur". Oder „Reinhold Beckmann" und „singen".

Seit heute weiß ich, es gibt noch so eine unmögliche Kombination: „Vollkorn" und „Croissant".

Vollkorncroissant, ich habe dich heute Morgen auf dem Biomarkt gekauft, mittlerweile ausgepackt und sogar in dich hineingebissen (falls meine vorderen Schneidezähne im Lauf des Tages noch ausfallen, würde ich mich noch mal an dich wenden!), und ich kann jetzt voller Überzeugung sagen: Dich gibt's eigentlich gar nicht. There ain't no such thing as Vollkorncroissant! Du bist nämlich kein Croissant, du bist im Grunde ein bizarr geformtes Brot.

Ein Croissant ist etwas, das man morgens im Frankreichurlaub kauft. Da schlüpft man, während der Partner noch schläft, in die Flipflops und die Badeshorts, drückt die Morgenlatte so gut es geht zur Seite, tritt ans Fenster, blinzelt in den strahlend blauen Himmel und dackelt los, zum *Boulanger* um die Ecke, dann sagt man „Deux croissants, s'il vous plaît" und dackelt wieder zurück, und während die charmante Verkäuferin noch über die doch sehr gut sichtbare Morgenlatte giggelt, hat man schon wieder die Appartementtür erreicht, und die beiden Croissants haben mittlerweile die Papiertüte durchgesuppt, denn wir alle wissen, ein Croissant ist nichts anderes als eine besonders raffinierte Methode, Butter zu verstecken, aber das macht nichts, denn man ist im Urlaub, am Horizont funkelt der Atlantik, und der Himmel ist immer noch so blau, und dann setzt man die Espressokanne auf, und der Duft des Kaffees weckt den Partner, und dann kriecht man mitsamt dem Kaffee und der mittlerweile durchsichtigen Croissanttüte wieder ins Bett und küsst dem Partner den Schlaf aus dem Gesicht, und dann nippt man am Kaffee und beißt in die Croissants, und danach stellt man die Kaffeetassen ab und verschwindet gemeinsam unter der Bettdecke und hat absurd guten Sex und kann sich danach noch mit dem leicht angefeuchteten Zeigefinger gegenseitig ein paar Gebäckkrümel vom Körper naschen. DAS ist ein Croissant!

Merkste was, Vollkorncroissant? Das alles kann man mit dir gar nicht machen. Schon allein, weil man sich einen Bruch heben würde, wenn man zwei von dir in eine Papiertüte steckt! Durchsuppen würde die Tüte dann auch nicht, denn deine Schichten sind so dick, da kommt gar keine Butter durch. Ein Fett-Alcatraz, das bist du. Wahrscheinlich steckt in dir auch gar keine Butter, sondern laktosefreie Sojamargarine oder einfach nur Wasser. Fett braucht man ja vor allem, um den Geschmack zu verstärken, aber wo nix ist, muss man ja auch nix verstärken. Und jetzt stell dir mal vor, Vollkorncroissant, ich würde dich kaufen, meinen Partner wecken und „Ich hab dir Croissants mitgebracht!" sagen. Und dann nimmt der dich und du fällst ihm, aufgrund deines unerwarteten Gewichts, aus den Fingern und auf seine Brust, und dann hat er da direkt 'nen blauen Fleck. Da isses aber ganz schnell vorbei mit absurd gutem Sex!

Wären wir in der Schule und du wärst ein Aufsatz, dann würde die Lehrerin auf dich draufschreiben: „Thema verfehlt!" Wenn man in ein Croissant beißt, möchte man kurz an die Leichtigkeit des Seins glauben. An eine gewisse Geschmeidigkeit der menschlichen Existenz und dass schon irgendwie immer alles gut ausgehen wird. Wenn man in dich hineinbeißt, Vollkorncroissant, denkt man eher an die Kümmernisse der ausgebeuteten Arbeiterklasse. Ein gebackenes Naturalisten-Drama, das bist du! Hauptmanns „Die Weber" in Mehl.

Man sollte dem Biomarkt-Zausel im selbst geklöppelten Feldmauswollpulli rundheraus verbieten, dich „Croissant" zu nennen. Soll er sich doch was anderes einfallen lassen! „Totgebackener Bio-Bumerang" vielleicht. Oder „Vollwert-Sichel". Das klänge dann wenigstens schon so ein bisschen nach DDR und würde somit gleich viel besser zu dir passen: „Frau Schmitt, hamse gehört? Der Bäcker in Bautzen macht wieder Vollwert-Sicheln!" – „Hurra, die steck ich mir immer zwischen Fenster und Rahmen, dann bumst das bei Zugluft nicht so!"

Ein Croissant, das ist Arcachon und Brigitte Bardot. Du, Vollkorncroissant, du bist mehr so Pirna und Sarah Wagenknecht.

Wer mal so richtig weinen möchte, dem empfehle ich übrigens eine Google-Bildersuche zum Stichwort „Vollkorncroissant". Was einem da entgegenlümmelt, ist so lustlos und traurig, so was findet man sonst nur unter dem Stichwort „Ü70 FKK". Wenn Vollkorn so gesund ist: Warum sehen dann 95 Prozent aller Vollkorncroissants so aus, als hätten sie eine ganz schlimme Krankheit? Ein Beautysalon nimmt doch auch kein Testimonial mit Beulenpest!

*Ein Vollkorncroissant. Der Eindruck täuscht übrigens: Das Bild ist in Farbe.*

Immerhin hat die Bildersuche ergeben: es gibt noch eine entschärfte Variante von dir. Das sind im Grunde ganz normale Croissants, auf die der Bäcker zwei, drei Alibi-Leinsamen draufstreut. Das kaufen dann vermutlich Millionen Menschen und denken sich: „Na so was! Jetzt hab ich meine Ernährung schon auf Vollwertkost umgestellt und nehm immer noch nicht ab!" Aber ganz ehrlich, Vollkorncroissant: Verarschen kann ich mich selbst! Wenn ich einen Ramazzotti trinke, steck ich mir ja auch kein Scheibchen Banane ans Glas und sage: „Ist quasi nur ein brauner Smoothie!"

So, ich gehe jetzt noch mal los und kaufe mir ein Croissant. Ein richtiges, leichtes, krümelig-fluffiges – so eine gebackene Schäfchenwolke quasi. Und wenn ich unterwegs am Biomarkt-Zausel vorbeikomme, hoffe ich, er hat einen Helm auf. So ein Bio-Bumerang kann ganz schön wehtun.

# Low-Carb-Brot

Natürlich, Low-Carb-Brot einer ostwestfälischen Großbäckerei, bist du bestimmt total gesund und wichtig und gut für eine ausgeglichene Ernährung, denn du enthältst besonders wenig Kohlenhydrate. Und Kohlenhydrate, die man nach 18 Uhr isst, machen bekanntlich dick (auch wenn mir bisher noch keiner sagen konnte, woher die Kohlenhydrate eigentlich wissen, wieviel Uhr es ist).

Und natürlich darfst du dich nennen, wie du willst, und es gibt auch keinerlei Grund, warum nur Frisiersalons bescheuerte Wortspielnamen haben sollten („Hair-einspaziert", „Haarmonie", „Schau Hair"), und nicht zum Beispiel eben auch du, Low-Carb-Brot.

Aber, Low-Carb-Brot, mal ernsthaft: „Bread Pitt"?

Echt jetzt?

# Grünkohl

Grünkohl, du rüschiges Gummi-Gemüse, du erdigster aller Küchenstinker, du norddeutsche Ausrede für ungebremsten Mettwurst- und Korngenuss – wie haste das denn bitte gemacht? Eben noch warst du die muffigst-mögliche Mümmel-Mahlzeit, ein Winteressen, das sowohl optisch als auch geschmacklich an einen besonders trüben Novembertag in Wolfsburg erinnert. Viele Nichtnorddeutsche kannten dich nur vom Weihnachtsmarkt, wo deine geruchsintensiven Verkaufsbuden so eine Art Advents-Canossa sind, für alle, die nach zehn Tassen Glühwein irgendwo hinpilgern müssen, um ihrem Magen ein zuckerfreies Salz- und Fett-Intermezzo zu bieten. Aber dann entdecken dich ein paar fusselbärtige Foodies aus Amerika, nennen dich „Kale", zupfen dich auf Salat und glutenfreie Nudeln und zack: Trendfood! Manchmal kommt man echt nicht hinterher.

Aber noch mal langsam: Bei uns bist du ja eine eher bodenständige Angelegenheit, um es mal vorsichtig auszudrücken. Man nennt dich Braunkohl, Strunkkohl oder Krauskohl, womit das Ausmaß deiner Sexyness schon ganz gut umrissen wäre. Damit aber auch ja niemand auf den Gedanken kommt, dich irgendwie stylisch zu finden, legen die traditionell trendskeptischen Norddeutschen noch eine geräucherte, grobkörnige Grützwurst auf dich drauf. Grützwurst! Das klingt nicht nur abschreckend, das sieht auch noch aus, als wäre eine Igelfamilie erst in einen Mixer und dann in Naturdarm geplumpst. Und als wäre das alles nicht schrecklich genug, nennt man diese Wurst dann auch noch „Pinkel" und wählt zudem einmal im Jahr in Oldenburg einen „Grünkohlkönig" – ein Titel, den unter anderem schon so federfüßige Luftwesen wie Peter Altmaier trugen. Deutlicher kann man eigentlich nicht sagen: „Fitnessfuzzis, verpisst euch!"

Gut, eine Ausnahme sind natürlich mal wieder die Schweizer. Die nennen dich, Grünkohl, nämlich „Federkohl". Da muss man schon mal fragen: Kann es sein, dass die berühmte Höhenluft den fröhlichen Eidgenossen manchmal ein bisschen die Synapsen durcheinanderbläst? Federkohl? Für so einen müffeligen Magenwandbeschwerer wie dich, Grünkohl? Wie nennen die Schweizer dann erst einen Hackbraten? „Fleisch-Soufflée"?

Na, jedenfalls: Irgendwann in den letzten Jahren haben dich also amerikanische Fitness-Fanatiker entdeckt. Denen ist nämlich aufgefallen, dass du wahnsinnig viel Vitamin C enthältst und wahnsinnig viel Vitamin A und tausend andere Inhaltsstoffe, die unsere kulinarisch eher einfach gestrickten transatlantischen Freunde eigentlich nur aus ihren bunten Pillendöschen kennen. Dann kamen auch noch die Promis hinzu: Gwyneth Paltrow mixt dich in ihren Morgen-Smoothie, auch Jennifer Aniston sucht ihr Heil in Kale, und als dann auch noch Beyoncé in einem Musikvideo einen Pulli mit der

Aufschrift „Kale" trug – da war's natürlich völlig vorbei. Verständlich! Man muss sich nur mal vorstellen, was hierzulande los wäre, wenn Helene Fischer auf ihrer nächsten Tour in einem Ganzkörperanzug mit der Aufschrift „Apfelrotkraut" durch die Kölnarena schweben würde! Da wäre der Lieferengpass bei Kühne aber vorprogrammiert.

Jedenfalls: Ab dann war alles „Kale". Kale-Salat, Kale-Smoothie, Kale-Chips. Ja, der amerikanische Psychologe und Kale-Fan Dr. Drew Ramsey veröffentlichte sogar ein Buch mit dem Titel „50 Shades of Kale". Mit so verlockenden Rezepten wie Kale-onaise (Mayonnaise mit Grünkohl), Kale-jito (Mojito mit Grünkohl) und einer erotischen Kurzgeschichte über eine leidenschaftliche Affäre zwischen Mensch und Grünkohl, die die Vermutung nahelegt, dass Dr. Ramsey ordentlich einen an der Kale-Waffel hat.

Tja, und so schwappst du, Grünkohl, jetzt im nagelneuen Kale-Gewand über den großen Teich wieder zu uns zurück. Wie das berühmte hässlich-muffige Stinke-Entlein, das als leuchtend-grüner Fitness-Schwan zurückkehrt.

Andererseits: Das Ganze macht ja auch Hoffnung. Wenn selbst so ein müder Magenlieger wie du, Grünkohl, mit viel PR und etwas Paltrow zum Trendfood gehypt werden kann – vielleicht klappt das ja auch mit anderen Gemüsearten? Man möchte fast rufen: Knollensellerie, Sauerkraut, Rosenkohl – fasst frischen Mut! Ich sehe da völlig neue Chancen auf euch zukommen!

Und warum soll man sich denn auf Gemüse beschränken? Warum dieses Prinzip nicht ausweiten auf alles, was irgendwie angestaubt und muffig daherkommt? Wer weiß, wenn Andy Borg sich vor ein paar Jahren einfach umbenannt hätte in „Kalle Kale" und in die Kamera geflötet hätte: „Mich kann man übrigens auch auf frische Pasta legen!" – vielleicht gäbe es den Musikantenstadl dann ja noch.

# Ingwer

Die kleine Knubbelknolle ist vor allem bei
gesundheitsbewussten Menschen sehr beliebt.
Wenn es nach ihnen geht, hilft Ingwer nicht nur
gegen Erkältung und Übelkeit, sondern auch
gegen Husten, Magen-Darm-Beschwerden,
Migräne, Muskelschmerzen, Gelenkschmerzen,
Knochenschmerzen und Wimpernschmerzen, gegen
Hühneraugen, grauen Star, grünen Star und rosa Star,
gegen Skorbut, Maul- und Klauenseuche, und wenn
man ihn auf einen Holzstab spießt, kann man sich
damit auch noch hervorragend den Rücken kratzen!

# Cupcakes

Nicht schlecht gestaunt habe ich, Cupcakes, als ich zum ersten Mal einen von Euch gesehen habe. Im Grunde seid Ihr ja nur „Muffins mit was drauf", aber Heiliger Cholesterol – was da alles draufkommt! Buttercreme und Frischkäsecreme und Cremecreme und Krokant und Zuckerstreusel und halbe Schokoladetafeln und ganze Merci-Packungen (je nach Festigkeit des Träger-Muffins). Man muss sich ja fast wundern, dass noch keiner auf die Idee kam, eine Kirsch-Torte auf einen Muffin zu stürzen und das Ganze als „Schwarzwälder Cupcake" zu verhökern.

Spricht ja auch nichts dagegen, ich konnte nur gar nicht glauben, dass in unserer figurbewussten „Für mich bitte nur halbes Tic Tac auf Salat"-Zeit so ein offensichtlicher Hosensprenger wie ihr zum Trend werden kann.

Aber dann habe ich gelesen, dass Ihr aus Amerika kommt, und da ging mir natürlich ein Licht auf. Gebt's zu, Cupcakes, Ihr fiesen, kleinen Hüft-Belagerer: Ihr seid eine perfide Erfindung der US-Diätindustrie, stimmt's? Eine Arbeitsbeschaffungsmaßnahme seid ihr, für all die Diätshakes, Abnehmpillchen und Weight-Watchers-Produkte, oder?

Ha! Dachte ich mir doch.

# Matcha Tee

Ich muss ja zugeben, Matcha, Grüntee fand ich immer doof. Egal, welchen man nimmt und wie man ihn aufkocht und wie lange man ihn ziehen lässt – er schmeckt halt immer ein bisschen nach Wiese. Aber dann kamst du, Matcha. Und du bist ja wirklich mal 'ne völlig andere Nummer. Du bist nämlich fein gemahlener Grüntee, wirst seit Jahrhunderten in traditionellen japanischen Tee-Zeremonien verwendet, man rührt dich mit heißem Wasser an, schlägt dich mit einem filigranen Bambusbesen auf und schüttet dich dann idealerweise in dünnwandige Tassen aus einem ausgehöhlten Einhorn-Huf, und wenn man dich dann trinkt, merkt man sofort, dass das gleich ganz anders schmeckt, nämlich nach, genau: fein gemahlener Wiese. (Beziehungsweise, wenn man dich mit Milch anrührt, nach fein gemahlener Wiese mit 'ner Kuh drauf.)

So richtig lecker ist das zwar immer noch nicht, aber hey, „lecker" ist ja wohl so 2015! Du bist schließlich auch ein Superfood, da hat der Geschmack erst mal superegal zu sein! Immerhin enthältst du einen der höchsten jemals gemessenen Anteile an Antioxidantien. Wozu man die eigentlich braucht, habe ich zwar auch nach dem zwanzigsten Artikel zum Thema noch immer nicht ganz verstanden. Aber irgendwie verlangsamen sie wohl den Alterungsprozess (ich Dödel dachte immer, jeder Mensch wird jeden Tag einen Tag älter! Voll naiv!) und verhindern das Oxidieren im Körper (das ist, glaube ich das, was Eisenstangen im Regen machen), und deshalb gehe ich einfach mal davon aus, dass, wer zwei, drei Tassen Matcha-Tee am Tag trinkt, rostfrei in Rente geht. Das ist doch was.

Apropos „hohes Alter": Die vermutlich eher etwas angegreisten Kollegen der Apotheken Umschau haben dich auch schon ausprobiert. Sie fanden dich aber vor allem „sehr teuer", den Geschmack „gewöhnungsbedürftig" und, jetzt kommt's: „Manch einer bekam sogar Würgereiz." Hihi. Ich hab da sofort Bilder im Kopf: „Würgeparty im Seniorenstift – brought to you by Matcha!" Gut, Matcha, nicht traurig sein! Wenn du beim Umschau-Zielpublikum was reißen willst, solltest du wohl eher drauf hinweisen, dass man dich auch gut mit Klosterfrau Melissengeist anrühren kann!

Aber lassen wir mal den Geschmack beiseite – weißt du, was mich bei dir so richtig stutzig macht, Matcha? Dieses Siegel der Stiftung Warentest auf deiner Verpackung mit dem Zusatz: „Radioaktivität: Keine". Ähm... soll mich das beruhigen? Wenn ja, funktioniert das ehrlich gesagt nicht so gut. Ohne das Siegel wäre ich nämlich gar nicht erst auf die Idee gekommen, dass gemahlener Grüntee radioaktiv sein könnte! So ein Hinweis ist ein bisschen wie, wenn man an eine Kinderhüpfburg einen Zettel hängt: „Schon mehr als 30 Tage kein tödlicher Unfall!"

Überhaupt, deine Verpackung! Wer sich die mal aufmerksam durchliest, kann schon den Eindruck gewinnen, er hätte im Ernährungs-Fahrstuhl aus Versehen auf die Taste „Trendfood-Hölle" gedrückt: „Lust auf einen leckeren Matcha Latte?" Äh, nein. „Frische Cupcakes mit dem besonderen Etwas?" Bitte nicht. „Einen Detox-Smoothie mit exotischem Kick?" Oh Gott, was wird das denn hier? Ein Kaffeekränzchen von Heidi Klum und Barbara Becker?

Einer fehlt natürlich noch, wenn es um hochpreisigen Ernährungsquatsch geht: Genau, der Hildmanns Attila. Deutschlands Veganer-Guru Nummer eins hat dich natürlich auch schon im Programm. 30 Gramm für 15 Euro (laut Homepage ist das übrigens „Sehr preiswert!". Immer gut, wenn man so was dazuschreibt!). Auf seiner Homepage näselt der Attila dann irgendwas in die Kamera von deiner unfassbaren Gesundheit und von, natürlich, ich hab sie schon fast vermisst, den Antioxidantien. Und wer sich dann denkt: „Mensch, das war mir jetzt fast ein bisschen zu günstig. Eigentlich würde ich gerne noch viel mehr Geld unsinnig verplempern!", der kann noch einen Original-Attila-Hildmann-Matcha-Besen für zwölf Euro noch was kaufen. Glück gehabt!

Und da komme ich mal wieder zu meiner Lieblings-Theorie beim Thema Superfoods: Kann sein, dass sie gesund machen. Kann sein, dass sie stark machen und uns besonders alt werden lassen und glatte Haut und 'nen straffen Po machen.

Aber bei einem bin ich mir ziemlich sicher: Schlau machen sie nicht.

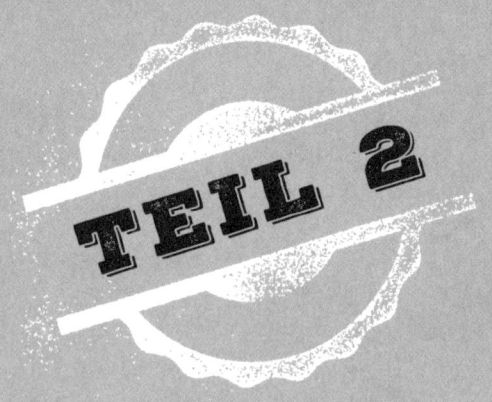

TEIL 2

# Besonders schlechte Ideen der

# Lebensmittel-industrie

# Vegetarische Wurst

Früher war das ja so: Der Metzger hat geschlachtet, die ganze Woche fröhlich vor sich hingewurstet und alles verwertet, was verwertbar war. Was dann am Ende der Woche noch in der Wurstküche rumlag, wurde zusammengekehrt und – Überraschung: Am nächsten Tag gab's frische Leberwurst.

Wer das schon eklig findet, der hat sich noch nie mit vegetarischer Wurst beschäftigt.

Nehmen wir zum Beispiel mal dich, „Vegetarische Schinkenwurst mit buntem Pfeffer", hergestellt in einer traditionsreichen Wurstfabrik. Wobei ich gar nicht weiß, ob man dich überhaupt „Wurst" nennen darf. Du selbst vermeidest das zumindest auf deiner Verpackung und nennst dich etwas schüchtern: „Vegetarisches Erzeugnis nach Art einer Schinkenwurst mit buntem Pfeffer auf Basis von Eieiweiß". Ein „Erzeugnis"? „Nach Art"? Und „auf Basis"? Na, besonders überzeugt scheinst du von dir selbst ja nicht zu sein, was? Das klingt doch, als würde man einen Justin-Bieber-Song mit den Worten bewerben: „Das ist so ein musikähnliches Erzeugnis nach Art eines Popsongs auf Basis eines dünnen Stimmchens." Wäre natürlich tip top korrekt, aber ob man so das Olympiastadion voll bekäme?

Und warum überhaupt Eieiweiß? Ja, schon klar, du willst wahrscheinlich deutlich machen, dass das Eiweiß in dir aus Eiern und nicht aus Fleisch gewonnen wird. Aber, liebe Nicht-Schinkenwurst, das hatte ich mir schon fast gedacht! Ich halte mich jetzt nicht für die allerhellste Kerze auf der globalen Torte, aber nachdem auf deiner Verpackung nicht weniger als viermal das Wort „vegetarisch", einmal „vegetarian", zweimal „fleischfrei", einmal „Vegetarier" und dann noch zweimal das Logo der „European Vegetarian Union" zu finden sind, hatte ich so eine Vermutung, dass in dir eher wenig totes Tier steckt. Auf normaler Wurst steht ja auch nicht: „Wursterzeugnis auf Basis von Fleischfleisch", nur weil irgendein Depp meinen könnte, es wäre Fruchtfleisch drin.

Oder isses am Ende ganz anders gemeint? „...mit buntem Pfeffer auf Basis von Eieiweiß": Ist etwa nur der Pfeffer auf Basis von Eieiweiß? Diesen Lebensmittelchemikern von heute ist ja alles zuzutrauen!

Wobei, nee, das ist dann doch eher unwahrscheinlich. Denn laut Zutatenliste bestehst du zu 68 Prozent aus Eiklar. 68 Prozent! Da stellt sich natürlich die Frage, ob du auf deiner Verpackung unter der Überschrift „Da weiß man, wer's macht!" wirklich die beiden Produktentwickler nennen und abbilden solltest, oder nicht vielleicht doch lieber die Hanna, die Gundel, die Rosi und all die anderen Hühner, die tagtäglich die Millionen Eieier für dein Eieiweiß produzieren! Natürlich in Freifreilandhaltung.

Apropos: 68 Prozent – das ist ziemlich exakt derselbe Anteil an Eiklar, den auch ein handelsübliches Ei hat.

Genau genommen, Vegetarische Schinkenwurst, bist du also eine Art Spiegelei, bei dem man den Dotter entfernt und durch Rapsöl, Kochsalz, Gewürze, Johannisbrotkernmehl, Xanthan, Carrageen, Kaliumlactat, Natriumacetat, Aroma, Traubenzucker, Pfeffer, Paprikaflocken, Carotin und Anthogyane ersetzt haben. Das sind nämlich deine restlichen Inhaltstoffe, und da muss ich sagen:

Huiuiui, bei so viel Chemiebaukasten rotiert mein Magen schneller als so mancher Mühlenflügel!

Von rund der Hälfte deiner Inhaltsstoffe habe ich auch nicht den Hauch einer Ahnung, was sie eigentlich sind und wofür man sie braucht. Aber eine Vermutung habe ich dann doch, vegetarischer Veggie-Fleischfrei-Aufschnitt mit Eieiei: Wesentlich gesünder, leckerer, umweltschonender und ethisch korrekter als das, was am Ende der Woche in einer Wurstküche rumliegt, isses wahrscheinlich auch nicht, oder?

# Pfannkuchenteig aus der Flasche

Schon klar, Pfannkuchenteig aus der Flasche, Du bist natürlich total praktisch und nützlich und eine Riesenerleichterung bei der bekannt schwierigen Lebensprüfung der korrekten Pfannkuchenherstellung, aber eine wichtige Frage musst du mir erlauben:

Wer zu doof ist, Milch, Eier und Mehl zu mischen – sollte der wirklich einen Herd bedienen dürfen?

# Schokopudding

Nee, nee, nee, eine einzige Sauerei ist das, Discount-Schokopudding mit Sahnehäubchen, dass sich plötzlich alle auf dich eingeschossen haben. Nur, weil die hauptberuflichen Suppenspucker von WisoPlus sich deine Inhaltsstoffe mal genauer angeschaut und dabei festgestellt haben, dass die ein bisschen, na ja, diskussionswürdig sind. Also, dass zum Beispiel in keinem einzigen getesteten Schokopudding Schokolade vorkam und du dadurch mit Schokopudding so viel zu tun hast wie Hühneraugen mit Hühnern. Aber ist das denn wirklich was Neues? In 'nen Christstollen wird schließlich auch kein Heiland eingebacken!

Und außerdem: 19 Cent! Du kostest gerade mal 19 Cent! Hat das mal jemand gewürdigt? Was bekommt man denn heute noch für 19 Cent? Sogar einmal Groß bei Sanifair kostet schon 70 Cent. Selbst, wenn man dann den Gutschein an der Theke einlöst, bleiben noch 20 Cent, die man für's pure Töpfchengehen bezahlt hat. Du dagegen: 19 Cent! Wir sind also mittlerweile in der lustigen Situation, dass Darmfüllen billiger ist als Darmentleeren. Da könnte man sich doch auch mal drüber freuen!

Jedenfalls, Schokopudding, nach dem WiSo-Bericht war das Kind natürlich in den Puddingtopf gefallen und dein Image für alle Zeiten versaut. Voll unfair. Du bist ja schließlich nicht die einzige Erfindung der Lebensmittelindustrie, die einem bei genauerem Blick auf die Zutatenliste den Verdauungstrakt auf halb acht dreht. Hallo? Stichwort Tiefkühllasagne? Wieher, wieher!

Aber keine Angst, Schokopudding, ich möchte dir helfen. Wir machen einfach den Top-Trick, der immer hilft: Wir taufen dich um. Das klappt jedes Mal, denk nur an Gina Wild, die hatte wegen ihrer Porno-Vergangenheit auch ein ganz mieses Image, dann hat sie darauf bestanden, nur noch Michaela Schaffrath genannt zu werden, und ab dann... ach, ist vielleicht ein schlechtes Beispiel.

Fangen wir mal von vorne an: „Schokopudding mit Sahne" – das bietet natürlich viel Angriffsfläche. Schokolade kommt ja schon mal nicht in dir vor. Aber immerhin die gesetzlich vorgeschriebenen 1 Prozent Kakao (bei Aldi, diesen Schmocks, nehmen sie sogar 1,4 Prozent, aber Aldi, das wissen wir alle, ist ja eher so 'ne Lebensmittelboutique für geizige Besserverdiener). Milch ist laut WiSo auch keine richtige in dir drin, eher so Wassermilch. Die ist sehr günstig, sehr fettarm und leider auch relativ geschmacksneutral, aber für den Geschmack enthältst du schließlich Zucker. Und zwar jede Menge! Pro Becher 10 Stück Würfelzucker. Hat sich irgend jemand mal Gedanken gemacht, was für eine Arbeit das ist, die in den Plastikbecher reinzufriemeln? Undankbares Pack.

„Pudding" ist natürlich auch ein bisschen irreführend, denn Oma hat den früher mit Stärke angerührt. In dir steckt leider eher Gelatine, die wird meistens aus

Schweineknochen hergestellt und ist deswegen weder für Muslime noch für Vegetarier empfehlenswert. Aber man kann's halt nicht immer allen recht machen! Für Muslime und Vegetarier gibt es schließlich auch schöne Fertigdesserts, zum Beispiel ... äh ... einen Apfel.

Und die Sahne auf dir drauf ist natürlich auch nicht einfach nur Sahne: Mit Gas aufgespritzt ist sie, und mit Stabilisatoren versehen. Schließlich soll das Häubchen auch nach dem Transport und 'ner Woche im Kühlregal noch so fest stehen wie die Frisuren in der ersten Reihe der Jahreshauptversammlung vom niederbayerischen Landfrauen-Verein.

So, Schokopudding, wenn man das alles zusammennimmt, ist es eigentlich gar nicht mehr schwierig, sich einen neuen, hieb- und stichfesten Namen für dich auszudenken. Achtung, Fanfare, Tataaaaa:

### Wassermilch-Schweinesmoothie mit Gashäubchen

Na, was sagste? Clever, oder? Mit dem Namen kann dir keiner mehr was! Nicht mal die Würfelzuckerzähler von WiSo! Vielleicht machen wir dann noch einen Allergikerhinweis drauf: „Kann Spuren von Kakao enthalten". Allergien kommen gerade immer gut.

Und wenn das alles nix hilft, nennen wir dich einfach „19-Cent-Nachspeise".

Mit Billig kriegste die Deutschen immer!

# Reiswaffeln

Ein Griff in 'nen Sack voll benutzter Kompressen.

'Nen Kängurupenis mit Fingern vermessen.

'Nen Pitbull am Bein (von Dämonen besessen).

Ein Tanztee mit wuschigen Ex-Politessen.

Zwei offene Beine mit Eiter-Abszessen.

'Ne Leiche im Hausflur, von Würmern zerfressen.

Natursekt im Swingerclub Biebesheim (Hessen).

– Das alles ist schöner als Reiswaffeln essen.

# Maiswaffeln

Nicht traurig sein, Maiswaffel! Ich hab dich nicht vergessen: Einfach das „Re" aus dem Reiswaffelschmähgedicht durch ein „Ma" ersetzen – stimmt haargenau so.

Gern geschehen!

# Schokoreiswaffeln

*„Schokoreiswaffeln sind ein leckerer Zwischensnack.
Vorausgesetzt, man lutscht nur die Schokolade
ab und verwendet den Rest anderweitig
(Dämmmaterial, Untersetzer, Mini-Frisbee)*

# Surimi

Surimi, du fröhlich-farbiges Krebsfleischimitat, du knallorangene Fischeiweißpraline, ich hätte dir ja gerne ein Kapitel hier gewidmet, aber ich fürchte, das geht nicht. Ich hab mich nämlich mal mit deiner Herstellung beschäftigt und Achtung, Surimi, anschnallen, jetzt wird's wild:

Dazu werden Fische (vorzugsweise die uncoolen, also Fische aus der zweiten, ach, was sag ich: achten Reihe, die beim Fisch-Fußball immer als letzte ins Team gewählt wurden) gehäutet und entgrätet und gehäckselt und so lange in Wasser gewaschen, bis sie nach gar nichts mehr schmecken. Das Ganze wird dann zu einem Fischbrei püriert, der wiederum wird gesiebt und gepresst, und durch die Zugabe von Sorbit und Phosphaten entsteht dann ein geruchs- und geschmacksneutraler Schlotz. Der sieht ein bisschen aus wie 'ne sehr dick geratene Mehlschwitze und macht weder optisch noch geschmacklich viel her. Deshalb kommen dann alle möglichen Gewürze, Farb- und Aromastoffe dran, manchmal auch noch Stärke, Öl, Zucker und, weil's eh schon wurscht ist, auch noch ein bisschen Hühnereiweiß. Das Ganze wird dann in eine fingerfood-freundliche Stäbchen-Form gepresst und wie so ein medizinisches Einwegprodukt einzeln in Plastik verpackt.

Tja, Surimi, merkste selbst, oder? Ich kann dir einfach kein Kapitel widmen.

Soll hier ja schließlich um Lebensmittel gehen.

# Maggi Fix

Sag mal, Maggi Fix für holländische Hackbällchen mit Gouda, das sieht ja alles ganz schön lecker aus, was da auf deiner Tüte abgebildet ist. Saftige Hackbällchen, prall gefüllt mit Gouda, und dann noch kleine Möhrenstückchen, ein bisschen Lauch und Sahne dabei. Toll!

Wenn man dich dann aber umdreht, liest man: „Sie fügen noch hinzu: Hack, Gouda, Möhren, Lauch und Sahne."

So, und jetzt hab ich mal 'ne Frage: Wenn in „Maggi Fix für holländische Hackbällchen mit Gouda" weder Hack noch Gouda, geschweige denn Möhren, Lauch oder Sahne sind – was ist dann eigentlich in der Tüte?

Holland?

Oder anders gefragt: Wenn ich jetzt auch ein Unternehmen gründe, es, sagen wir mal, „IKEA fix" nenne, leere Pappkartons mit der Aufschrift „Billy Regal" verkaufe und auf die Rückseite schreibe: „Sie fügen noch hinzu: 1 Billy Regal" – würden die Leute das dann auch kaufen?

# Fettarme Chips

Fettarme Chips – Ihr habt ja wohl überhaupt nichts verstanden, oder? Was ist denn bitte der Sinn von „fettarmen Chips"? Es gibt doch auch keinen „geräuschreduzierten Subwoofer"! Der ganze Spaß an Chips ist doch das Fett! Gut, und das Salz, das Gewürz und das Glutamat, vielleicht. Aber schon hauptsächlich das Fett. Weil Fett die wunderbare Eigenschaft hat, Alkohol aufzusaugen wie ein Kolibri den Nektar – auch, wenn man Chips selten in einem Stadion isst, in dem man einem Kolibri ähnelt. Eher so 'ner fetten Amsel. 'Ner Amsel mit mindestens einem lahmen Flügel. 'Ner blinden, lahmen, fetten Amsel – das ist das traditionelle Körpergefühl beim Chips-Verzehr.

Egal: Wisst Ihr, fettarme Chips, wie geil das ist, nach einem mittelschweren Kneipenabsturz nachts nach Hause zu kommen und noch im Treppenhaus den einzig klaren Gedanken des ganzen Abends zu fassen: „Oh, mein Gott, ich hab noch 'ne Packung Chips im Schrank!"? Und dann mit Tränen der Freude in die Wohnung zu torkeln, die Küchentür aufzureißen und über die Tüte herzufallen wie ein Weltumsegler über seine Seemannsbraut? Wenn in so einer Situation dann nur eine Packung „fettarme Chips" im Schrank liegt, das ist doch wie, wenn die Seemansbraut weg wäre und nur einen Zettel dagelassen hätte:

„Willkommen zurück, Schatz, ich bin beim Friseur, aber keine Angst, du bist nicht alleine: Meine Mutter schläft auf der Couch!"

Nee, fettarme Chips, sehen wir den Tatsachen mal ins Gesicht: Ein Kartoffelchip, das sind zwei Lagen Fett mit einer dünnen Schicht Kartoffel dazwischen. Ein Fett-Sandwich sozusagen. Das war schon immer so, und das soll bitte auch so bleiben. Und wem das zu schwer und zu ungesund und zu High-Carb ist, der möge sich doch bitte ein Mohrrübchen schälen und darauf achten, uns flügellahme Moppel-Amseln nicht weiter zu behelligen. Danke.

# Salatdressing

Traurig schüttelt Melanie S. den Kopf: ‚Eigentlich hatte ich mein Gewicht immer gut im Griff. Aber dann bin ich irgendwie ins Salat-Milieu gerutscht. Ich bin einfach verrückt nach Salat! Kopfsalat, Chicorée, Rucola – ich hab alles in mich reingestopft. Natürlich hab ich auch immer ein paar Spritzer Dressing draufgemacht. Ich wusste nun mal nicht, dass da Öl drin ist. Das muss man sich mal vorstellen! Öl! Im Dressing! Pro Portion Salat sind das mindestens 20 Milliliter! Kein Wunder, dass ich dermaßen aus dem Leim gegangen bin!', sagt die freundliche 180-Kilo-Frau und schüttelt traurig den Kopf ...“

Na, Kühne-Salat-Dressing, haste so 'ne Meldung auch schon mal gelesen?

Nee? Totaler Blödsinn, so was? Vom Salatdressing ist noch kein Mensch der Welt fett geworden?

Hm, dann stellt sich natürlich die Frage, warum es dich, Kühne-Salat-Dressing, jetzt ernsthaft in einer Variante „ohne Öl“ gibt.

Denk einfach mal drüber nach ...

# Pflanzencreme

Eben nicht, „Smanta Original Buttergeschmack"! Du bist eine Pflanzencreme, von denen es gerade viele gibt, weil man damit angeblich irgendwie gesünder und leichter und bikinifreundlicher braten kann als mit Omas Schweineschmalz (tatsächlich habe ich Oma erstaunlich selten im Bikini gesehen – Zufall?), bestehst laut eigenen Angaben aus Rapsöl, Trinkwasser, Palmfett, Speisesalz, allen möglichen Emulgatoren, Citronensäure, Aromastoffen, Farbstoffen und – jetzt kommt's – Luft (!!) und schmeckst deshalb eben nicht nach Original Butter, sondern nach Rapsöl, Trinkwasser, Palmfett, Speisesalz, allen möglichen Emulgatoren, Citronensäure, Aromastoffen, Farbstoffen und Luft.

Weißte nämlich, was nach Butter schmeckt? Butter!

Und weißte, warum? Weil da Butter drin ist!

Also, sei so gut und benenne dich doch um, ja? Und bevor du jetzt lange rumüberlegst, hier mein Vorschlag: „Smanta Original Rapsöl-, Trinkwasser-, Palmfett-, Speisesalz-, alle möglichen Emulgatoren-, Citronensäure-, Aromastoffe-, Farbstoffe- und Luftgeschmack". Vielleicht noch mit dem Zusatz: „Butterfrei!"

Kaufen würde ich dich allerdings trotzdem nicht.

Ich trage einfach viel zu selten Bikini.

# Tee

Klar, Teekanne-Tees, ich kann natürlich verstehen, dass auch ihr mit eurer neuen, pastellfarbenen Wohlfühl-Collection „Harmonie für Körper und Seele" (übrigens: „Collection" schreiben nur Leute, die auch „Cigaretten" rauchen, oder?) voll auf der Selbstoptimierungswelle mitsurft und jetzt alle mit so 'nem motivationstrainermäßigen Befehlston daherkommt („Hol dir Kraft!", „Träum schön!", „Atme dich frei!" – ich warte eigentlich nur noch auf die Sorten „Räum dein Zimmer auf!" und „Verdien mehr Geld!"). Aber wisst Ihr, was mir da fehlt? Mein Lieblingstee. Der findet sich leider nicht in eurem Wellness-Sortiment, er hat auch keinen echten Namen, aber wenn er einen hätte, dann müsste er wohl heißen: „Setz dich mal hin, mach dir 'nen Tee, einfach nur, weil er dir schmeckt, denk an nichts, erwarte nichts, und sei mal zehn Minuten total unnütz!"

Toller Tee. Schade, dass den keiner mehr trinkt.

# Marsriegel

Mars, du unnötigster aller Schokoriegel, du lustlose Schaumspeise im Fettmantel, du adipöse Kiosk-Nacktschnecke: Wer hat dich eigentlich erfunden? Und vor allem: warum?

Du heißt wie ein Kriegsgott, aber liegst auf der Zunge wie ein zugedröhnter Hippie. Alles an dir ist schluffig und lasch und unbefriedigend, Mars! Wärst du ein Film, dann wärst du „Der Hobbit – Teil 2“: Man denkt die ganze Zeit, da kommt noch was Spannendes, aber da kommt nix mehr. Egal, wie lange man beißt und lutscht und herumzullt. Also, an dir, nicht am Hobbit. Schon deine Werbung ist eine einzige Frechheit: „Mars – und es geht weiter!“ Was geht mit dir denn bitte weiter, Mars? Die Suche nach 'nem richtigen Schokoriegel? Dieser Typ aus dem Spot, der ein leeres Mars-Papier an die Klostertür steckt und wieder abhaut, der geht doch nicht, weil er noch mehr Marsriegel essen will! Der geht, weil er sich denkt: „Boah, Kloster is bestimmt genauso langweilig wie Mars! Da versuch ich's lieber noch mal mit meiner Ollen."

Wenn man's genau nimmt, bist du auch gar kein Riegel, Mars! Ein Riegel ist etwas Hartes, Gewaltiges, das man irgendwo vorschieben kann, um Mensch und Vieh einzusperren. Und nicht so ein kraftloser Zungenfläzer wie du, Mars, den man anstrengungsfrei zerlutschen kann!

Zeit, mal auf deine Verpackung zu schauen: „Milchschokolade mit Karamell und Candy-Creme" steht da. Was ist denn bitte Candy-Creme? Mars, die 80er-Jahre haben angerufen, sie wollen ihre Inhaltsstoffe zurück! Schreib doch wenigstens „Candy La Crème", das klingt dann wie 'ne ostwestfälische Trümmertranse. „Heute Abend in der Paderborner Mars-Bar: Candy la Crème mit ihrer zähflüssigen Schwester Cara Mell! Einlass 20 Uhr, die Türen bleiben offen, damit Sie jederzeit gehen können!"

Und dann steht da noch: „Kann enthalten: Erdnuss, Mandel, Haselnuss". Ja eben nicht, Mars! Das ist ja das Problem! Snickers enthält Erdnuss, Hanuta enthält Haselnuss und irgendjemand enthält bestimmt auch Mandel. Du enthältst gar nix! Und trotzdem schreibst du dir das auf die Verpackung! Vermutlich, weil du denkst: „Pah, mich finden alle langweilig, dann sollen sich wenigstens Allergiker vor mir erschrecken! Haha!" Schäm dich, Mars, schäm dich!

Jeder deiner Kollegen ist interessanter als du! Im Twix steckt ein Keks. Im Lion steckt Karamell und Crispie-Zeugs und noch tausend Dinge, die man sonst nur auf dem Boden von Schulranzen findet. Und in Maltesers, diesen völlig unterschätzten Wunderkindern der Zuckerindustrie, versteckt sich unter einer Vollmilchschokoladenhülle ovomaltineskes Malz-Gecrunche, bei dem man sich fragt: „Wie kann das denn so knusprig bleiben, wenn es doch mit flüssiger Schokolade überzogen wurde?" Das ist Zauberei,

Mars, echtes Hexenwerk! Dagegen bist du der langweilige Onkel, der seinem Neffen zum tausendsten Mal mit Daumen und Zeigefinger „die Nase klaut"!

Aus der „Celebrations"-Packung sollte man dich auch rausschmeißen, Mars. Was soll man mit dir denn celebraten? Den endgültigen Verlust der Kaukraft? Gebissfreie Wochen im Seniorenstift? Mit dir feiert man doch keinen Geburtstag, mit dir feiert man höchstens ... ja, was eigentlich? Den dritten Mittwoch im Monat oder so was Belangloses.

Eine Bekannte meinte: „Ja, aber Mars muss man in die Tiefkühltruhe legen. Oder frittieren. Das ist lecker!"

Merkste was, Mars? Mit dir muss man immer erst was anstellen, bevor du schmeckst. Wie so 'ne Scheibe Natur-Tofu, bei der die Leute sagen: „Wenn man den mit Sojasauce einreibt, räuchert, scharf anbrät, durch Ei und Semmelbrösel und Sesam zieht, frittiert und anschließend in Grillsauce ertränkt, dann schmeckt's fast wie was zu essen!"

Und, Mars, sag jetzt nicht, es gäbe noch langweiligere Riegel als dich. Klar, Milky Way ist auch eher aus der Abteilung: „Wenn Steuerformulare eine Süßigkeit wären". Aber immerhin: Milky Way schwimmt in Milch. Mars, was kannst du? Was? Wie? 500 Kalorien auf 100 Gramm? Na immerhin.

TEIL 3

Auch

# Mutter Natur

hat mal 'nen

## schlechten Tag

# Schwarzwurzeln

Schwarzwurzel, du klebrig fieses Umstands-Gemüse, du spindeldürre Béchamel-Beilage, muss man denn jedes Gewächs, das im Lauf der Jahrzehnte zu Recht vergessen wurde, irgendwann wieder ausbuddeln und den Leuten für teuer Geld in die Jutetasche mogeln? Ich werd manchmal bekloppt bei all diesen „vergessenen Gemüsesorten", die irgendwann wieder auf einem großstädtischen Biomarkt auftauchen und auf die sich dann alle stürzen, völlig egal, wie sie schmecken, einfach nur, weil's „voll schade wäre, wenn so alte Schätze verloren gingen!"

Eben nicht! Sind wir doch mal realistisch: Manche alten Schätze erweisen sich im Nachhinein als völlig nutzloser Blechramsch! Ich habe zum Beispiel kürzlich meinen alten Discman auf dem Dachboden meiner Eltern entdeckt: Der hat damals ein Schweinegeld gekostet, man musste ihn immer waagerecht halten und starke Erschütterungen vermeiden, Joggen konnte man also völlig vergessen. Um überhaupt was zu hören, musste man das Ding quasi wie eine Monstranz vor sich hertragen. Und dann ging da natürlich auch nur genau eine CD rein, die noch dazu unbedingt jungfräulich und unversehrt sein musste, denn schon beim kleinsten Haarriss hat der Drecksplayer die Scheibe nicht mehr erkannt. Und, Schwarzwurzel, was meinste? Schmeiße ich jetzt mein iPhone weg und benutze wieder den Discman, weil's „voll schade wäre, wenn so ein alter Schatz verloren ginge"? Am Arsch die Räuber!

Und genau so isses eben auch mit dir, Schwarzwurzel. Es hat schon seinen Grund, warum man dich vergessen hat! Da nützt es auch nichts, dass du dich etwas anmaßend „Winterspargel" nennst. Ja, ja, schon klar, wenn man dich ganz lange schält (und dabei Handschuhe anzieht, weil du klebst wie Hulle) und dann in Essigwasser einlegt (weil du dich sonst verfärbst), und dann das Glück hat, ein paar Exemplare von dir zu erwischen, die nicht irgendwie fleckig-wurmig daherkommen, dann siehst du vielleicht ein kleines bisschen und von ganz weit weg aus wie Spargel.

Was für ein lausiger PR-Trick! Genauso gut könnte ich ein Päckchen Tafelkreide rundlutschen, mit flüssiger Butter übergießen und das Ganze dann „Lehrer-Spargel" nennen!

Nee, Schwarzwurzel, tut mir leid, aber: Husch, husch, zurück ins Erdreich! Wenn wir alle irgendwas aus Vampirfilmen gelernt haben, dann ja wohl das: Manche Dinge lässt man lieber begraben.


P.S.: Steckrüben, Pastinaken, Selleriewurzel – habt Ihr zugehört? Sehr gut. Gilt nämlich alles auch für euch.

# Eisbergsalat

E isbergsalat, du überschätztes Ami-Gezücht, du blass-grüner Folien-Flummi, du knurpsig-lasches Feldge-kröse – ich verstehe dich nicht. Also, dich verstehe ich schon, ich verstehe nur nicht, warum Menschen dich freiwillig essen – und das sogar außerhalb von amerika-nischen Haftanstalten und russischen Waisenhäusern!

Halten wir doch mal kurz die Fakten fest:

**PUNKT 1** Du schmeckst nach nichts. Also wirklich nach gar nichts. Auf dich zu beißen, ist wie ein Wassereis zu lutschen, aus dem ein hinterhältiges Kind vorher schon alle Farb- und Aromastoffe rausgezutzelt hat. Oder wie einen Meter Luftpolsterfolie durchzukauen. Selbst eine unbelegte Lebkuchenoblate ist gegen dich das reinste Geschmacks-Feuerwerk. Gut, vielleicht ist ja genau das dein Geheimnis: Man kann dich auf einen Burger legen, ohne das lästige Gefühl, den eigenen Körper unnötig mit etwas Pflanzlichem zu verwirren. Du bist quasi Salat für Menschen, die keinen Salat mögen. Deshalb kann man dich auch so gut mit nahezu jedem Dressing kombinie-ren. Aber mal ehrlich, Eisbergsalat: Bevor man so etwas Langweiliges wie dich unterm Dressing versteckt – könn-te man da nicht einfach nur das Dressing trinken? Das ist praktischer (weil man sich das Salatwaschen spart), günstiger (weil man sich den Salat spart) und irgendwie auch konsequenter (weil man wenigstens noch nicht mal so tut, als würde man sich gesund ernähren).

**PUNKT 2** Dein Äußeres ist 'ne glatte Vier. Nee, sorry, 'ne lieb gemeinte Fünf. Das, was deine bräsig-blassen Blätter da an jämmerlichen Chlorophyll-Gefurzel aufbieten, das reicht doch gerade mal, um dich nicht mit einer Styroporkugel zu verwechseln! Bei Menschen würde man das wohl eine „ungesunde Gesichtsfarbe" nennen. Wärst du ein Mädchen, Eisbergsalat, dann würde meine fränkische Oma dir dreimal am Tag zurufen: „Mensch Mädla, mach amal a weng Ruusch auf die Baggen, du sichst ja aus wie die deuer Zeid!" Und dann krampfst du deine äußeren Blätter auch noch so scheinheilig um dein Inneres, als würdest du da drin irgendwas Wertvolles verstecken – fast wie Gollum, der sich um seinen Ring krümmt. (Ha, und plötzlich macht auch die blassgrüne Farbe wieder Sinn!)

Aber wenn man dich dann entblättert, findet man was? Nee, keinen Ring, sie zu knechten, sie alle zu finden, ins Dunkel zu treiben und ewig zu binden. Nee, man findet – einen Strunk. 'Nen dicken, fetten Strunk. Und „Strunk", lieber Eisbergsalat, „Strunk" ist eines dieser schönen deutschen Wörter, die allein durch ihren Klang nahezu perfekt die Ungeilheit des Objekts widerspiegeln, für das sie stehen. Ähnlich wie „Bußgeld" und „Sport-BH" und „Beatrix von Storch".

**PUNKT 3** Was ist das denn bitte für eine Konsistenz, die du da am Leib hast? Dieses knirschig-wässrige Gerömmse. Zu hart für Salat, zu läppisch für Weißkohl – also Sex-Appeal geht ja wohl anders! Vielleicht sollte man dich gar nicht Eisbergsalat nennen, sondern Luschenkohl, dann könnte man wenigstens noch Mitleid mit dir haben.

Gut, manche finden das auch toll. Die Schweizer, zum Beispiel, mal wieder. Die sind total begeistert davon, dass du so krachst. Die fröhlichen Eidgenossen sind sogar so dermaßen aus dem Almhüttchen, dass sie dich „Krachsalat" nennen. Da könntest du jetzt stolz drauf sein, lieber Eisbergsalat, aber sehen wir's doch mal wie's ist: Ein Volk, das stolz darauf ist, eine dreieckige Schokolade erfunden zu haben, mit der sich Millionen Menschen Jahr für Jahr den Gaumen aufreißen, ist halt einfach leicht zu begeistern.

In Österreich dagegen nennt man dich Bummerlsalat, und das trifft die Sache für mich schon eher, denn es klingt ein bisschen fies. Ich habe keine Ahnung, was ein Bummerl ist, aber für mich klingt es weniger nach etwas, das man isst, als nach etwas, das man anschließend zur Toilette bringt. Da sehe ich doch schon den alpenländischen Herrn Kommerzienrat mit schmerzverzerrtem Gesicht vom Häuserl kommen und stöhnen: „Tut mir leid, mir saß a Bummerl quer".

Gut, einen Vorzug kann man dir nicht absprechen, lieber Eisbergsalat: Du bist haltbar. Mein Gott, bist du haltbar! So wahnsinnig haltbar bist du, dass man sich immer wundert, dass jeden Tag auf deutschen Baustellen römische Mauern und germanisches Kunsthandwerk ausgegraben werden, aber noch nie ein frühgotischer Eisbergsalat. Diese Haltbarkeit macht dich auch zum feuchten Traum jedes Landgasthofbetreibers. Dich kann man nämlich zu Beginn der Saison einkaufen und neben dem Fondor aufs Regal legen, und wenn dann doch das ganze Jahr keiner von diesen figurbewussten Großstadt-Gästen kommt, die unbedingt „was Frisches" wollen, dann legt man dich in die Kühlung und holt dich einfach nächstes Jahr wieder raus. So haltbar bist du!

Aber, Eisbergsalat, sagen wir's doch mal, wie's ist: Wer Lebensmittel nicht kauft, weil sie gut schmecken, sondern „weil sie so haltbar sind", der kauft auch Klamotten nicht, weil sie schön aussehen, sondern „weil man sie so gut in den Trockner machen kann".

Aber, Eisbergsalat, nun lass die Blätter nicht hängen (Haha! Erst mal können, gell?) Du hast's mittlerweile nämlich weit gebracht: Kennst du das Handyspiel „Pflanzen gegen Zombies"? Da helfen die Pflanzen den Menschen gegen einen Zombieangriff, und weißt du, wer da eine der nützlichsten Kämpfer-Pflanzen von allen ist? Genau: der Weißkohl.

Ach so, 'nen Eisbergsalat gibt's da auch, der ist aber eher so mittel-nützlich. Und das, lieber Eisbergsalat, das biste ja gewohnt, ne?

# Passionsfrucht

Knallgelber Aroma-Glibber mit tiefschwarzen
Kernen an der leuchtend weißen Innenwand
einer stierhodenähnlichen Schale: Bei manchen
Pflanzen fragt man sich schon, welche Drogen
bei ihrer Schöpfung eigentlich im Spiel waren.

# Bananenchips

Mein Hauptproblem mit euch, Bananenchips, ist, dass ich nie so recht weiß, wann und warum man euch eigentlich essen soll. Seid ihr 'ne Süßigkeit? Ein Snack? Muss man euch einweichen? Oder die Zähne mit euch trainieren? Benutzen Ninjas euch zu Übungszwecken als Wurfgeschoss, bevor sie sich an Wurfsterne rantrauen? Ich weiß es einfach nicht.

Aber, Bananenchips, falls ich mal wieder in den Zoo gehe, im Affengehege irgendwie die Zeit vergesse, aus Versehen eingeschlossen werde, die Nacht dort verbringen muss, mich irgendwann mit zwei, drei Schimpansen und 'nem Kapuzineräffchen anfreunde, mit meinen neuen Kumpels 'ne lustige Nacht zwischen Autoreifen-Schaukel und Kletterbaum verbringe, mich am nächsten Tag schweren Herzens von allen verabschieden muss, sie zur Revanche zu 'nem Videoabend bei mir zu Hause einlade, dann Flips und Salzstängchen auf den Couchtisch stelle und irgendwann merke: „Verdammt, ich hab für meine Primaten-Buddys noch gar nichts zu knabbern!" – also dann komme ich auf jeden Fall auf euch zurück.

# Birnen

Birne! Einfach Frage: Wann isst man dich eigentlich? Und komm mir jetzt bitte nicht mit Jahreszeiten oder Monaten. Ich möchte Datum, Uhrzeit, Sekundenangabe!

Ich hab nämlich die Faxen dicke: Dich gibt's scheinbar nur in felsenhart oder matschepampig. Klar, ich hab mal gehört, dass bucklige Marktfrauen auf ostwestfälischen Wochenmärkten ihren Kunden Gerüchte ins Ohr raunen. Gerüchte, wonach es zwischen diesen beiden Birnen-Stadien noch so ein winzig kleines Birnen-Essbarkeits-Zeitfenster gäbe. Aber, mal ehrlich, das sind doch nur Gerüchte, oder? Ich jedenfalls habe dieses Zeitfenster noch nie erwischt.

Es ist immer dasselbe: Wenn man dich kauft, hast du diese äußerst zahnunfreundliche Granit-Konsistenz. Dann kann man mit dir vielleicht flüchtige Einbrecher niederstrecken, Autoscheiben einwerfen, um erstickende Hunde zu retten, oder, wenn man vier von deiner Sorte nebeneinander stellt und mit Hammer und Meißel Präsidentengesichter hineinarbeitet, eine schöne Mount-Rushmore-Kopie erstellen. Aber an Verzehr ist definitiv nicht zu denken.

Also legt man dich in den Obstkorb, und dann passiert's: Kaum hat man dich mal drei Sekunden lang nicht beobachtet, zack: Matschepampe! Wie machst du das?

Einen derart schnellen äußeren und inneren Verfall sieht man sonst nur bei RTL-Dschungelbewohnern!

Okay, fairerweise muss ich anfügen: Man kann dich auch im Matschepampe-Stadium noch verzehren. Aber Spaß macht das nicht! Und vor allem sollte man vorher einen Regenponcho anziehen oder sich von oben bis unten in Zellophan einschlagen, denn von so einer überreifen Birne, da hat der ganze Körper was! Du tropfst aufs Hemd, auf die Hose, versaust die Finger, und zu guter Letzt kriegen garantiert auch noch Schuhe, Tisch und Laminat ein bisschen von deinem körnigen Saftmatsch ab. Schon nach wenigen Sekunden sieht man kaum besser aus als David Hasselhoff beim Burgeressen.

Deshalb meine Forderung: Deklarierungspflicht für Birnen! Jede Birne sollte einen kleinen Aufkleber bekommen. Mit einer Aufschrift wie: „Zu verzehren zwischen Montag, 23.10., 8 Uhr 14 und 37 Sekunden und Montag, 23.10., 8 Uhr 14 und 39 Sekunden." Dann kann man sich das ein bisschen einplanen, kann sich sagen: „Okay, montags um 8 Uhr 14 hab ich ja oft Birnen-Hunger, das passt mir gut!", oder eben nicht.

Übrigens, Birne, wenn dir das zu kompliziert ist und du dich lieber ein bisschen interessanter machen willst, empfehle ich so einen mission-impossible-mäßigen Aufdruck. Weißt schon, so was wie: „Vorsicht! Dieses Obst zerstört sich nach dem 23.10., 8:14 CET von selbst!" Cool, oder? Da kann man sich zumindest beim Weggehen noch vorstellen, wie die ostwestfälische Marktfrau sich die Latexmaske vom Gesicht reißt und in ihren Ärmel raunt: „Das Paket ist geliefert!"

# Physalis

*Physalis werden auch „Kapstachelbeere" genannt und schmecken säuerlich-herb bis fruchtig-süß. Manchmal auch faserig-trocken (wenn man den Lampion außenrum mitisst).*

# Braune Champignons

Ich weiß, Braune Champignons, eigentlich steht auf diesem Buch „Knallharte Lebensmittelbeschimpfung". Aber Euch muss ich dann doch mal ein Kompliment machen. Auf Eurer Verpackung steht nämlich „Deutsche Kulturchampignons, braun".

Und da muss ich sagen: Respekt! Deutsch und braun und trotzdem Kultur – das schaffen die wenigsten.

# Drachenfrucht

**90** Prozent Wasser, Drachenfrucht! Du bestehst zu 90 Prozent aus Wasser! Muss ich eigentlich noch weiterschreiben? Na gut: Dein richtiger Name ist Pitaya oder auch Pitahaya oder vermutlich auch Pitahahahaya, je nachdem, wie stark man halt stottert. Dich gibt es in pink und in gelb, du hast lustige Schuppen außen dran, und dein Fruchtfleisch ist entweder weiß mit schwarzen Kernen, das sieht dann ein bisschen aus wie eine Albino-Kiwi, oder rot mit schwarzen Kernen, das sieht dann ein bisschen aus wie Rote Bete mit Wurmstich. Aber all das Farbgelöt und Schuppengedöns kann leider über einen klitzekleinen Schönheitsfehler nicht hinwegtäuschen: Du hast keinerlei Eigengeschmack. Wie gesagt: 90 Prozent Wasser, da hat der Geschmack halt verdammt wenig Spielraum! (Bei der Gelegenheit kann man sich übrigens gleich mal die Frage stellen, wie viele Flaschen des eigenen Gebräus ein Bierhersteller in sich hineinschütten muss, um auf den Slogan „Cab – flavoured with dragon fruit" zu kommen. „Flavoured with dragon fruit" – das ist ungefähr so sinnvoll wie „Coloured with Klarlack"!)

Immerhin: „Gekühlt ist Drachenfrucht sehr erfrischend", schreibt die Apotheken Umschau über dich. Ja, natürlich. Kaltes Wasser ist schließlich auch sehr erfrischend. Aber in kaltem Wasser kann man sogar schwimmen und rumplanschen und 'ne Arschbombe machen. Wenn man auf dich, Drachenfrucht, dagegen mal 'ne veritable Arschbombe macht, ist man nicht erfrischt, sondern sieht höchstens aus, als hätte man sich auf ein Glücksbärchi gesetzt!

Ich war übrigens mal auf La Réunion, wo du angebaut wirst, Drachenfrucht, und ein sechsjähriges Kind dort hat mir verraten: „Pitaya muss man direkt vom Baum essen. Nach dem Pflücken verlieren die sofort ihren Geschmack." Ha! Das wissen da sechsjährige Kinder! Schade, dass erwachsene Menschen nicht halb so schlau sind, dich tausende von Kilometern durch die Luft fliegen und dann fünf Tage nach der Ernte für teuer Geld in irgend ner Feinkostabteilung verhökern! Im Grunde wäre es viel sinnvoller, wenn alle Pitaya-Fans einfach nach La Réunion fliegen, dich dort vom Baum pflücken und direkt auslöffeln würden. Ich hab das gemacht, Drachenfrucht, und ich muss sagen, das hat sich gelohnt! Du hast zwar immer noch nach nichts geschmeckt, aber die Landschaft da ist wirklich atemberaubend!

Laut Wikipedia gehörst du zur Familie der Kakteengewächse. Das finde ich ja schon viel zu aufregend für dich. Kakteen haben Stacheln und können wehtun, und wer mal eine Kaktusfeige angefasst hat und sich eine dieser fiesen Ministacheln mit Widerhaken in die Hand gebohrt hat, der weiß: Da hat man tagelang Spaß! Dich dagegen, Drachenfrucht, hat man doch schneller vergessen, als man „Ministachel" sagen kann!

Wenn's nach mir ginge, würde man dich eher in die Familie der „Danebenlieger" einordnen. Das ist Obst, das man eigentlich nur kauft, um es dann irgendwo danebenzulegen. Physalis gehört dazu, oder auch dein Dessertteller- und Cocktailglas-Kumpel, die Sternfrucht. Das ist auch so ein Gewächs, das einmal um die ganze Welt geflogen wird, damit man es dann in Scheiben schneiden, neben das Pflaumenparfait legen und anschließend unangebissen in die Mülltonne werfen kann. Immerhin: Von Sternfrucht können Menschen mit schwachen Nieren bei übermäßigem Verzehr eine Vergiftung bekommen, weil da das Nervengift Caramboxin drin steckt. Aber du, Drachenfrucht? Nicht mal sowas kannst du! Vor dir müssen höchstens Menschen Angst haben, die, na ja, wasserscheu sind!

Da wären wir schon beim letzten Punkt, Drachenfrucht: Wir müssen mal über deinen Namen sprechen. Hast du mal 'nen Drachen gesehen? Also 'nen richtigen? Nicht so 'nen lustig-putzigen wie bei Paraden in Chinatown, der von 50 kleinen Chinesen zu nervig-scheppernder Musik auf und ab bewegt wird. Nee, 'nen echten, meine ich, 'nen hässlichen, gefährlichen! Ein Drache ist etwas, wovor man Angst hat, was Feuer speit und ganze Landstriche verwüstet. Das hat ja wohl mit dir so viel zu tun wie Freddy Krueger mit Freddy Quinn!

Du bist doch kein Drache, du bist ein aufgedonnertes Angeber-Obst, das schon bei leichtestem Druck verdötscht. Wenn du sprechen könntest, würdest du wahrscheinlich ständig leise seufzen und „Vorsicht, nicht

anfassen, meine Schuppen sind doch so empfindlich"
hauchen, wie ein alterndes Showgirl. „Transenfrucht",
das wäre ein schöner Name für dich! Wie? Ist dir zu ab-
fällig? Na gut, dann lass dir halt was Positiveres einfallen.
Ich jedenfalls würde mich freuen, wenn ich bald in der
Feinkostabteilung von Karstadt die ersten Schilder sehen
würde:

**PITAYA**

(Kiwi im Fummel)

# Koriander

Sag mal, Koriander, kennst du noch Alfred Biolek? Spitzentyp, der Bio, schon über 80, hatte früher so 'ne Kochsendung, „Alfredissimo" hieß die, da hat er Promis eingeladen und dann mit ihnen gekocht. Das war auch schon das ganze Prinzip der Sendung. Damals funktionierten Kochshows nämlich noch, ohne dass irgendwas bewertet wurde und Leute gegeneinander antreten mussten und schon im Titel der dritte Weltkrieg ausgerufen wurde. (Heute dagegen: „Küchenschlacht", „Kochduell" – vermutlich gibt es im Zuge der Fleischlos-Welle bald auch noch „Gemüse-Gemetzel".)

Jedenfalls: Bio hat mit seinen Gästen gekocht, die konnten das mal mehr und mal weniger gut (unvergessen: Dirk Bachs Chili con Carne mit Senf, Majo, Zimt und eigentlich allem, was nicht bei drei aufm Küchenschrank war), aber egal, was am Ende dabei herauskam – Biolek hat immer brav seinen Löffel in den Topf der Gäste gesteckt, probiert, dann sein ganzes Gesicht (und Bio hat sehr viel Gesicht!) in pure Verzückung verwandelt und die letzten fünf bis 15 Sendeminuten damit gefüllt, in unterschiedlichen Tonhöhen „Mmmmmmh... doll ... Mmmmmmmh... Oh, das ist aber ... Mmmmmmmmmh, doll!" zu rufen. Es war wunderbar.

Es gab nur eine Ausnahme: Wenn ein Gast dich, Koriander, ausgepackt hat. Mann, Mann, Mann, da war was los! Sofort fror Bioleks Lächeln ein, man merkte, wie er dachte: „Ach du Scheiße, schon wieder dieses Horrorkraut!", und man konnte die Sekunden runterzählen, bis er freundlich, aber sehr bestimmt seinen Koriander-Standardsatz brummte: „Ah, Koriander, da muss man ja aufpassen, der schmeckt schnell ein bisschen seifig!"

Ja, Koriander, ich will dich nicht deprimieren, aber Biolek hat dich gehasst. So richtig! Und es wurde immer schlimmer! Während er sich in den ersten Folgen noch zusammenriss, wurde seine Abscheu im Laufe der Sendejahre immer offensichtlicher: Irgendjemand sprach über frische Kräuter, schon mümmelte Biolek: „Hm, Kräuter! Doll! Nur kein Koriander, der schmeckt schnell ein bisschen seifig."

Ein Gast deutete an, dass er etwas Asiatisches kochen würde? Sofort fuhr Biolek dazwischen: „Ah, doll, asiatisch, mag ich! Nur keinen Koriander, der schmeckt schnell ein bisschen seifig!".

Selbst wenn der Gast ganz vorsichtig ansetzte und sagte: „Da kann man jetzt gut noch ein bisschen frischen...", fuhr Biolek schon dazwischen: „Basilikum! Frischen Basilikum kann man da gut draufstreuen. Oder Dill. Oder Speck. Oder Krümelkandis! Doll! Nur keinen Koriander, der schmeckt schnell ein bisschen seifig!"

Irgendwann war es so weit, dass die Gäste nur noch einen Strauß Kräuter zur Hand nehmen mussten, schon schnappte Bio ihnen das Ding weg, durchsuchte es wie ein Drogenspürhund den Mexiko-Koffer, zupfte jeglichen Koriander heraus und entsorgte ihn mit einem beherzten „Ich mach mal den Koriander raus, der schmeckt ja schnell ein bisschen seifig" im Biomüll.

Koriander, du warst das reinste Bio-Kryptonit!

Mir hast du damals leidgetan, Koriander. Ich war da noch ein fränkischer Teenager, kannte weder thailändische noch vietnamesische Küche und dich schon gar nicht und dachte mir immer: „Was hat der alte Mann denn gegen dieses unschuldige Kraut? So schlimm kann's ja wohl nicht sein!"

Mittlerweile kenne ich dich natürlich, habe dich schon mehrfach gegessen und, Koriander, vielleicht hilft's dir ja: Ich finde dich ganz okay. Man muss halt nur bei der Dosierung ein bisschen aufpassen. Du schmeckst ja schnell ein bisschen ... ach, egal.

# Granatapfel

'Ne Kugel. Trocken. Rötlich. Blass.
Rein optisch hast du's echt nicht raus.
Doch innen Fruchtfleisch, glitschig nass –
und darauf sind die Menschen aus.

Denn eben deinen roten Kern,
den Glibber und den Knurpse-Mampf:
Der dumme Mensch, er isst ihn gern
und wirft sich deshalb in den Kampf.

Forsch rückt er auf die Pelle dir,
mit Messer, Löffel oder Hand.
Doch schnell bereut er seine Gier,
denn Kerne landen an der Wand.

Du spritzt nach oben, unten, quer,
hasst alles, was dich schneiden kann
und lässt durch schlimmste Gegenwehr
wie Kölsche Mädsche „keinen dran".

Du färbst die Wand, du tränkst das Brett,
du spritzt ins Auge (auch nicht nett!),
du suppst auf Hände, Arm, Gesicht.
Granatapfel, ich mag dich nicht.

# Babyspinat

Babyspinat, an dich habe ich eigentlich nur eine Frage: Wenn ich dich im Supermarkt kaufe, zuhause aufmache und du schon so ein bisschen muffig riechst und sehr schlapp und lustlos in der Schale liegst: Bist du dann wirklich noch Babyspinat – oder doch eher schon Teenagerspinat?

# Rote Bete

Sag mal, Rote Bete, wie kann man sich eigentlich so viele Feinde machen? Ich hatte kaum angekündigt, dass ich ein Buch über „Überschätzte Lebensmittel" schreiben wollte, schon schickte mir ein Freund eine Mail: „Da müssen auf jeden Fall rote Bete rein! Rote Bete sind die Pest!" Ich wollte gerade antworten, da trudelten die ersten Facebook-Kommentare ein: „Rote Bete! Voll eklig!" Dahinter wahlweise ein heulender Smiley, ein kotzender Smiley, ein wutentbranntes Minion oder ein bitterböses Rote-Bete-Zitat von Gandhi. So richtig schlimm wurde es erst, als ich den ersten erzählte, dass ich dich, Rote Bete, eigentlich ganz okay finde. Dass es halt drauf ankäme, was man aus dir mache. Dass man dich zum Beispiel wunderbar mit Knoblauch, Thymian und Olivenöl im Ofen backen könne und dich nicht nur auf deine essigsaure, totgekochte und geriffelte Eimersalat-Variante reduzieren dürfe. Du liebe Rübe, da war was los! Täglich meldeten sich neue Bete-Hater bei mir, schrieben mir hasserfüllte Briefe, geiferten mir die Mailbox voll, hielten mir im Restaurant voller Abscheu labbrige Rote-Bete-Scheiben vor die Nase und beschimpften mich aufgrund meiner liberalen Haltung zu dir, Rote Bete, als hoffnungslosen Rübenromantiker und Root-Menschen. Ich flüchtete, doch selbst auf der Straße war ich nicht mehr sicher. Wildfremde Menschen mit „God hates Roots"-T-Shirts und Schaum vorm Mund spuckten mir ins Gesicht, riefen: „Rote Bete sind die Liebeskugeln des Teufels!" und bewarfen mich mit Kot.

Es war nicht mehr zum Aushalten.

Ich habe mich deshalb irgendwann in eine einsame Hütte in den Bergen zurückgezogen und das Buch dort zu Ende geschrieben. Leider kam ich auf dem Rückweg von der Straße ab und wurde schwer verletzt. Eine ältere Dame, die sich als „mein größter Fan" vorstellte, rettete mich und bot an, mich in ihrer Hütte gesund zu pflegen. Zum Dank erlaubte ich ihr, mein Manuskript zu lesen. Doch als sie feststellte, dass darin keine Rote Bete vorkommen, brach sie mir mit einer rohen Rote Bete beide Füße (meine Fresse, hat das gedauert!) und zwang mich, diesen „Fehler" in meinem Buch zu korrigieren, während sie noch schnell den Sheriff erschoss.

Also: Rote Bete! Du ... du... Du hinterhältiger Urinverfärber! Keiner kann dich leiden! Egal, wie du daherkommst! Egal, was du machst! Du bist quasi der Lothar Matthäus des Gemüseregals.

So.

Darf ich jetzt bitte wieder nach Hause?

Besser als mit einer Alarmanlage oder einem „Vorsicht
Hund!"-Schild hält man sich Eindringlinge und
unliebsame Gäste vom Leib, indem man ein Bund
Rote Bete über die Eingangstür hängt (Eventuell
noch mit dem Hinweis: „Ja, wir essen so was!)

# Petersilie

Petersilie, du bist ja quasi das Lieblingskraut des deutschen Gastwirts. Du liegst auf Salaten, wirst auf Salzkartoffeln gestreut und verzierst den Tellerrand von Schnitzel, Rinderroulade und Co. Ich hab das nie so ganz verstanden und halte dich insgesamt für ein völlig überschätztes Gekröse. Schon früher warst du das Erste, was ich mit einem gekonnten Gabelschlenzer von meinem Salat gewedelt habe.

Aber ich lerne ja auch täglich dazu, und deswegen habe ich mir extra mal die Mühe gemacht, intensiv recherchiert, getestet und probiert. Ich bin kreuz und quer durch die Republik gefahren, habe unzählige Gasthöfe besucht, mich einmal quer durch sämtliche Speisekarten gefressen und kann sie deshalb heute voller Stolz präsentieren, meine ...

**vollständige Liste der Dinge, die leckerer werden, wenn man Petersilie darüber streut:**

.................................................   .................................................

.................................................   .................................................

.................................................   .................................................

.................................................   .................................................

So, ich denke, da ist alles drauf.

# Staudensellerie

Wenn ich das richtig sehe, Staudensellerie, hat man mit dir zwei Möglichkeiten: Entweder man schneidet dich in ganz kleine Stücke und verkocht dich als Alibigemüse mit ordentlich Hackfleisch in einer Bolognese-Soße, bis nichts mehr von deinem beißenden Arzneimittel-Geschmack übrig ist.

Oder man entfädelt dich, schneidet dich in kleine Sticks, rührt dazu einen fettarmen Dip an und stellt dich bei der nächsten Grillparty auf den Tisch, damit eventuell vorbeischneiende Topmodels was zum Dippen haben. Am nächsten Tag merkt man dann, dass man erstaunlich wenige Topmodels im Freundeskreis hat und du noch immer unangefasst auf dem Tisch stehst. Dann schneidet man dich doch wieder klein und verkocht dich mit ordentlich Hackfleisch in einer Bolognese-Soße.

Ach nee, eine dritte Möglichkeit gibt es noch: Dich links liegen lassen und einfach gleich mehr Hackfleisch kaufen! Das passt ja nicht nur in die Bolognese-Soße, das findet auch als Mettigel auf jeder Party reißenden Absatz.

Ja, ich sehe sie schon, die Werbeschilder in deutschen Fleischerfachbetrieben: „Hackfleisch – der bessere Sellerie!"

(P.S.: Knollensellerie, für dich hätte ich auch einen passen-
den Werbeslogan: „Knollensellerie - genauso penetranter
Geschmack wie Staudensellerie, nur viel, viel unsexier."
Schenk ich dir!)

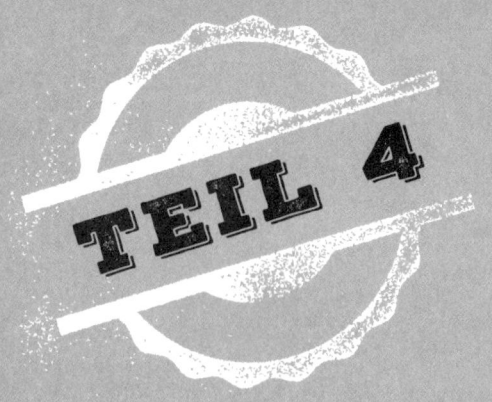

TEIL 4

Leck mich am Arsch,
sind wir
kultiviert!

# Crema di Balsamico

Ach, Crema di Balsamico, man kommt ja gar nicht mehr an dir vorbei. Da sitzt man nichtsahnend in einem Landgasthof in der Eifel, bestellt einen Teller Salat, weil man gerade mal Lust auf was Leichtes hat und sich deshalb den Landgasthofklassiker „Mit Lendchen gefülltes Schweineschnitzel im Speckmantel (überbacken)" verkneifen will, und dann denkt die Küchenchefin in Blümchenschürze und Crocs: „Den aufgeblasenen Stadtgockeln zeig ich jetzt mal, dat wir aufm Land auch Esskultur haben", nimmt das milchig weiße Plastikfläschchen und sprotzt dich einmal quer über den Teller, als wärst du Löschflüssigkeit für einen Schwelbrand. Und dann wemst sie einem den Teller vor die Nase. Und wenn man sich dann über den zähflüssigen Schlotz auf Paprika und Chicorée wundert, zaghaft den Finger hebt und anmerkt: „Entschuldigung, da ist Motorenöl auf meinem Salat!", dann antwortet sie ganz nonchalant: „Dat is kein Motorenöl, dat is Kultur, ihr Pimmel!"

Aber mal ehrlich, Crema di Balsamico, mit Kultur hast du nicht so viel am Hut, oder? Ein reines Industrieprodukt bist du, zumindest, wenn die Schnitzel-Matrone dich nicht mühselig aus echtem Balsamico-Essig eingekocht hat, wovon ich trotz aller Kultur einfach mal nicht ausgehe. Wie es sich für ein ordentliches Industrieprodukt gehört, bestehst du rund zur Hälfte aus Zucker, dann noch ein bisschen Farbstoff und Verdickungsmittel dazu, fertig ist die Klebepampe. Mit echtem Balsamico-Essig hast du jedenfalls so viel zu tun wie Claudia Effenberg mit Claudia Cardinale.

Wobei, einen Bezug zur Kultur gibt's doch: Denn wusstest du, Crema di Balsamico, dass dich schon Herbert Grönemeyer besungen hat? 1990 war das, leider hat das damals noch keiner verstanden (wer kannte 1990 schon Balsamico? Da hatten wir noch nicht mal das Sonnenblumen-Livio aus dem Schrank geräumt und durch Olivenöl ersetzt!), und dann hat der Herbert das ganze Lied ziemlich schnell und ziemlich hanebüchen auf eine Liebesbeziehung umgedichtet („Deine Liebe klebt!" – das ist sogar für Grönemeyer-Verhältnisse ein bisschen gaga, oder?) und einen Riesenhit gelandet. Egal, ich kann den Herbert ja verstehen, aber heute isses Zeit, die Originalversion mal wieder rauszuholen. Ich hab ihn nämlich noch, den Urtext, und, Crema di Balsamico, zumindest den Refrain, den haste doch bestimmt schon mal gehört:

Mein Radieschen klebt, du gehst mir auf den Geist,
Tiefbraune Pampe, die Kopfsalat umkreist.
Du bist 'ne Tortur, verklebst Gurke und Dill,
Zucker im Konzentrat, du bist mir zu viel!


Hach. Keiner sagt's so schön wie Herbert.

# Artischocken

Kaufen.
Nach Hause schleppen.
Waschen.

Stiel abbrechen.
Stiel wegschmeißen.
Schnittstelle mit Zitrone einreiben.

Spitzen abschneiden.
Spitzen wegschmeißen.
Schnittstellen mit Zitrone einreiben.

Äußere Blätter entfernen.
Äußere Blätter wegschmeißen.
Schnittstellen mit Zitrone einreiben.

In Zitronenwasser kochen.
Abgießen.
Abkühlen lassen.

Blätter ausreißen.
Blätter auszutzeln.
Blätter wegschmeißen.

Heu auskratzen.
Heu wegschmeißen.

Boden freilegen.

Boden essen.

Freuen.

Küche säubern.

Sämtliche Mülleimer leeren.

Neue Zitronen kaufen.

Auf dem Rückweg irgendwo noch was Richtiges zum Essen mitnehmen.

Also, ich will dich nicht deprimieren, Artischocke, aber ich fürchte, 'ne Kosten-Nutzen-Rechnung sollte man mit dir lieber nicht aufstellen!

*Nur rund fünf Prozent einer Artischocke sind
genießbar, der Rest ist Müll. Vergleichbar
also mit einem Til-Schweiger-Tatort.*

# Amarettini

Wann fing das eigentlich an, Amarettini? Wann hat zum ersten Mal ein Gastronom einen Kaffee oder Espresso zubereitet, sich das Ganze dann angesehen und gedacht: „Nee, also, so nackig – das ist doch nix. Ich kann doch nicht jemandem, der einen Kaffee bestellt, einfach einen Kaffee servieren! Da muss man auf jeden Fall noch was danebenlegen."

Bei anderen Getränken kommt doch auch niemand auf die Idee! Das sollte man sich mal trauen: Einfach mal in einer Dortmunder Eckkneipe an den Zapfhahn stellen, und wenn dann jemand ein Pils ordert, das Ding auf einem Unterteller servieren und ein Scheibchen Kohlrabi oder ein mühsam zurechtgefeiltes Knäckebrot-Herz daneben legen. Da hat der Arsch aber Kirmes, wenn Horst und Kalle das sehen, so direkt nach der Spätschicht!

Jedenfalls: Beim Kaffee war's irgendwann so weit, dass keine Tasse mehr ohne Kaffeetassen-Umkränzung auf den Tisch kommt. Und prinzipiell ist dagegen ja auch nichts einzuwenden. Was könnte man nicht alles Schönes auf Untertassen legen: Toffifees, ein Dauerlos der ARD-Fernsehlotterie oder gleich einen gerollten 100-Euro-Schein – da hätte kein Mensch was dagegen. Aber warum denn bitte euch, Amarettini? Euch, diese traurigen, braunen Zuckerzipfel ausm Supermarkt, diese trockenen Gaumenreißer im Vorratsbeutel, diese dreiste Parodie auf ein italienisches Mandelgebäck, von dem ihr euch völlig unberechtigterweise den Namen geborgt habt? Habt ihr schon mal echte Amarettini gesehen? Selbstgemachte? Diese wunderbar leichten Eischnee-Häufchen, die man in den Mund steckt, sanft am Gaumen zerdrückt und sofort an Italien und Dolce Vita denkt? Echte Amarettini, das sind krümelig-leichte Mandel-Tittchen. Ihr dagegen, Supermarkt-Amarettini, ihr seid mehr so gebackene Tatjana-Gsell-Tüten.

Immerhin: Es geht noch schlimmer. Wenn man als Café-Besucher nämlich so richtig Pech hat, bekommt man so einen eingeschweißten Spekulatius auf die Untertasse. Ihr wisst schon, diese Industrie-Kekse, deren Verpackung scheinbar immer statisch aufgeladen ist, sodass man noch Stunden nach dem Verzehr vergeblich versucht, kleine Plastikschnipsel vom Finger zu wedeln. Oder diese völlig sinnfreien Kaffeebohnen im Schokomantel. Was wollen Cafébesitzer ihren Besuchern damit eigentlich sagen? „Unser Kaffee ist ein bisschen dünn, aber wenn Sie zeitgleich auf diese Bohne beißen, könnte es gehen!"?

Nee, nicht böse sein, Amarettini, aber euch braucht kein Mensch. Außer vielleicht in Straßencafés. Ich habe nämlich festgestellt: Wenn man euch auf einen Kaffeelöffel legt, diesen dann wie eine Schleuder zwischen die Daumen von rechter und linker Hand spannt und euch so mit Schmackes auf ein paar aufdringliche Straßentauben pfeffert – also, dann kommt das für mich schon verdammt nah ran an Dolce Vita!

# Himalayasalz

Mann, Mann, Mann, Himalayasalz, hab ich den Kaffee auf! Kennst du so Momente, wo man „Independence Day" nochmal gucken möchte, in der absurden Hoffnung, dass das Alien-Raumschiff zum Schluss vielleicht doch die ganze Welt zerstört? Heute war bei mir so ein Tag.

Ich hab mich nämlich mal ein bisschen mit dir beschäftigt, und wenn man so liest, was du eigentlich bist und was die Leute in dich hineingeheimsen und wieviel sie dann auch noch bereit sind, für dich zu zahlen – also, da könnte man es dem lieben Gott wirklich nicht verübeln, wenn er die Welt mal wie so eine Zaubertafel schütteln und dabei sagen würde: „Nee, das mit den Menschen, das war doch nix. Ich fang noch mal von vorne an."

Ich dachte ja immer: Salz ist Salz. Schon den Hype um „Fleur de Sel" hielt ich für völlig überzogen. Das Zeug steht mittlerweile in jedem besseren Restaurant und wurde innerhalb kürzester Zeit zu einem derartigen Statussymbol, dass Starköche zärtlich ihr sous-vide gegartes Lammcarrée damit einstreicheln, die feinere Gesellschaft es sich gegenseitig aus ihrem Urlaub im „total verschlafenen Künstlerdorf auf Ibiza" mitbringen und reichere Gemeinden wie Baden-Baden vermutlich selbst ihren Winterdienst mit Fleur de Sel bestreiten. Im Grunde ist es natürlich auch nur Salz und schmeckt nach Salz, und ob man das jetzt in Körnchen- oder Flöckchen- oder Blümchenform zu sich nimmt, ist unserem Körper und sogar den Geschmacksnerven erfahrungsgemäß tutti kompletto bumsegal. Aber bitte, sieht halt schön aus, und wenn jemand dafür mehr bezahlen will als für's Bad Reichenhaller Rieselgold, dann los.

Aber du, Himalayasalz, du bist ja 'ne ganz andere Nummer. Du setzt nämlich voll und ganz auf die Esoterik-Karte. Auf Internetseiten, die dich bewerben, liest man ganz oft von „Schwingungen" und „Frequenzmustern" und „energetischem Reichtum" und „Resonanz" und „84 Elementen" die, oh sphärische Koinzidenz!, genau den 84 Elementen entsprechen, aus denen unser Körper angeblich besteht. Ich könnte jetzt natürlich ein paar Studien und wissenschaftliche Untersuchungen zu all diesen steilen Eso-Thesen aufführen, Himalayasalz. Ich habe aber der Einfachheit halber beschlossen, mich auf die Kurzfassung zu beschränken. Achtung, räusper, räusper:

Es ist gequirlte Einhornkacke.

Auch du, Himalayasalz, bestehst, wie jedes andere Salz, zu mindestens 97 Prozent aus Natriumchlorid, der Rest sind ein paar Mineralien (mein Favorit übrigens: Gips! Haha, muss ich mir merken, wenn ich mal wieder vom Rad falle!). Und deine schöne rosa Farbe entsteht durch Oxidation und ist damit nichts anderes als – Vorsicht, jetzt wird's unromantisch – Rost! Man kann dich bedenkenlos essen, man kann's aber auch lassen, du tust weder besonders weh noch besonders gut, du bist halt verdammt noch mal Salz – und keine kristallgewordene Sphärenenergie. Auch wenn der Schamballah-Jürgen und die Gundi „Weise vom Morgenstern" aus der esoterischen Selbsterfahrungsgruppe „Mit Engeln sprechen, fühlen und kniffeln" das vermutlich leugnen würden.

Aber wenn man solchen Hardcore-Namens-Tänzern schon nicht mit trockener Chemie kommen kann, dann vielleicht mit etwas Einfacherem? Entfernungen, vielleicht? Meter, Kilometer und so, da können wir uns doch bestimmt alle drauf einigen, oder?

Denn einen kleinen Schönheitsfehler hast du, Himalaya-Salz, den selbst der überzeugteste Engelskniffler nicht verleugnen kann: Du kommst gar nicht aus dem Himalaya! In aller Regel stammst du nämlich aus einer ziemlich unesoterischen Riesenmine in den pakistanischen Salzbergen, die rund 200 Kilometer vom Himalaya entfernt sind. Dich also Himalayasalz zu nennen ist in etwa, wie wenn man in Bielefeld ein Schaf von der Weide klaut und das dann als Lüneburger Heidschnucke verkauft. Oder vorm Edeka in Bamberg an der Hähnchenbude einen Gockel ersteht, um ihn als Original Münchner Wiesenhendl weiter zu verscherbeln. Oder in Amsterdam ein Mon Chéri kauft und das dann als „Original Belgische Praline" ...

Was, Himalayasalz? Ich kann aufhören, meinste? Interessiert den Jürgen und die Gundi nicht? Wer Tausende von Euro für ein Wochenendseminar zur Ausbildung als „Heiler von Atlantis" oder fürs „Gemeinschaftliche Chakren-Frei-Atmen" ausgibt, dem tun 25 Euro für ein Kilo pakistanisches Rost-Salz auch nicht mehr weh?

Hm. Haste wahrscheinlich recht. Na gut, dann eben doch Plan B: Lieber Gott, bitte einmal kräftig schütteln.

# Grissini

*Trocken-staubiges Italo-Gebäck, das eigentlich
nur gereicht wird, damit die Kundschaft absurde
Mengen „Wein zum Runterspülen" bestellt.*

# Sushi

Nee, Sushi, ich will gar nicht meckern, du bist schon ganz schön lecker (solange man dich nicht im Supermarkt kauft, da schmeckst du nämlich eher nach Milchreis mit Fischgeschmack) und sicher auch gesund (solange man dich frisch, einigermaßen zeitnah und vielleicht nicht gerade unter der Mittagssonne Andalusiens verzehrt), aber weißte, was mir aufgefallen ist? Ich hab's wirklich probiert und kann jetzt voller Überzeugung sagen: Du schmeckst mit Messer und Gabel exakt genauso wie mit Stäbchen.

Hammer, oder?

Aber psst, das bleibt unser kleines Geheimnis. Ist einfach viel zu lustig, all den Düsseldorfer Schickeria-Schnöseln dabei zuzuschauen, wie ihnen jedes zweite Nigiri in die Sojasauce plumpst und dabei noch den hochgestellten Lacoste-Poloshirt-Kragen versaut ...

# Rucola

Rauke. Bumsnormale Rauke. Ein Unkraut, das meine Oma mit spitzen Fingern aus dem Beet gezupft hätte, damit es ihrem schönen Kopfsalat nicht die Sonne wegnimmt. Das sie noch nicht mal an die Kaninchen verfüttert hätte, weil es nämlich mächtig bläht und es immer so lästig ist, wenn die kleinen Nager dann mit gasgefülltem Bauch an der Stalldecke hängen wie Folienballons nach dem Kindergeburtstag.

Genau das bist du, Rucola: Pupse-Unkraut.

Das heißt, das warst du, bis irgendjemand gemerkt hat: „Nee, so kriegen wir den Quatsch nicht verkauft. Rauke, das klingt irgendwie nach Frauke, und Frauke, das klingt nach Leinenrock und Achselhaar, da müssen wir uns was Pfiffigeres einfallen lassen. Irgendwas Südländisches, bei dem die Leute an Urlaub und Rotwein denken. Und nicht an gewaltfreies Stricken und Brottrunk."

Und weil in den späten 90ern sowieso grade alle auf Oliven und Balsamico und Eros Ramazotti waren, hat man einfach deinen italienischen Namen ausgegraben, und schwupps, so wurde aus dir, schnöde Rauke, der edle Rucola, das Zauberkraut der Toskana-Fraktion, die chlorophyll-grüne Phoenixfeder ausm Mistbeet. Gut, ein bisschen geholfen hat dabei vielleicht, dass man dir auch noch eine aphrodisierende Wirkung nachsagt. Ist ja irgendwie konsequent, wenn man sich beim Verzehr so eines Trend-Krauts nicht nur geil vorkommt, sondern auch noch geil ist.

Man kann dir auch gar nicht böse sein, Rucola, im Gegenteil, ich mag ja solche Underdogs. Eben noch ein Schattendasein am Bahndamm, ohne Liebe und menschliche Zuwendung, dann plötzlich entdeckt dich jemand, und ab dann bist du der neue Star auf jedem Galadiner – ja, Rucola, du bist quasi eine Salat gewordene Susan Boyle.

Aber genau wie bei Susan-Boyle-Songs kommt es eben auch bei dir auf die Dosierung an. Du steckst nämlich voller Senföl und bist damit eigentlich 'ne ziemlich bitter-scharfe Angelegenheit. Und auf deine Bläh-Ability will ich hier gar nicht noch mal eingehen. Klar, man kann dich gut in kleinen Mengen unter 'nen anderen Salat oder mit Nudeln mischen. Aber was so ein echter deutscher Besser-Esser ist, der fängt mit solchem Kleinkram ja gar nicht erst an. Nee, pur wirst du verzehrt! In rauen Mengen! Am besten noch mit viel zu saurem Essig obendrauf.

Scheiß aufs Senföl! Wir Deutschen haben damals, nachm Krieg, Kieselsteine rosa angemalt und als Buletten gefressen, da kann uns doch so ein bisschen Senföl nicht schocken! Kommt wieder, wenn Ihr Senfgas dabei habt!

Und so, Rucola, sitzen der Karlheinz und die Hilde also Abend für Abend in ihrer Lieblingstrattoria in Essen-Kettwig und stopfen dich eisern in sich hinein, völlig egal ob das jetzt schmeckt oder nicht, kultiviert isses auf jeden Fall. Und spätabends hängen die zwei dann aufgebläht an der Restaurant-Decke, und der freundliche Besitzer muss sie mit dem Besenstiel vorsichtig aus der geöffneten Tür schieben, von wo aus sie langsam Richtung Heimat schweben und hoffen, dass die aphrodisierende Wirkung bis zum Ehebett anhält.

Ich bin übrigens ziemlich sicher, dass in den nächsten Jahren noch viel mehr ungenutztes Unkraut mit erfundenen neuen Namen in unseren Supermärkten landen wird. Was weiß ich, statt Löwenzahn vielleicht „Dente di Leo"? Aus Sauerampfer wird „Amfère Acide"? Und für den Spitzwegerich vielleicht was Amerikanisches? „Horny Way Eric"?

Andererseits: So 'ne Umbenennung klappt ja auch nicht immer. Denn eines kann ich dir versichern, Rucola: Frauke Petry wäre mir auch nicht sympathischer, wenn sie Frucola Petry hieße.

# Mozzarella

Was viele nicht wissen: Mozzarella kann man ganz einfach selbst herstellen. Man nimmt einfach einen weißen Vollgummiball, weicht ihn über mehrere Tage in Salzlake ein und schneidet ihn dann in dünne Scheiben. Das Ergebnis schmeckt wirklich exakt wie Mozzarella.

Also, zumindest wie die Mozzarella-Sorten, die man so im Supermarkt erhält.

Echter Mozzarella, frisch vom Bauern, am End' noch aus Büffelmilch, ist natürlich 'ne völlig andere Geschichte.

Aber wer kauft so was schon?

# Spargel

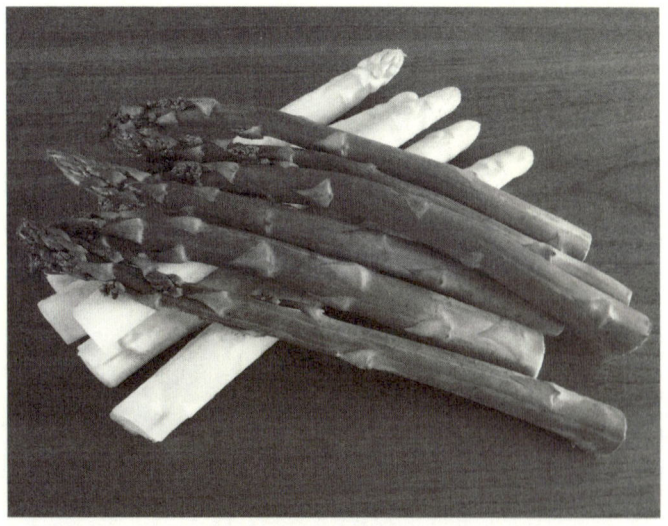

*Viele meinen, Spargel sei nur deshalb so begehrt,
weil man ihn so selten bekommt. Nach dieser Theorie
müssten aber Herpes, Pfändungsbescheide und die
CD „Best of Daniel Küblböck" genauso beliebt sein.*

# Lorbeer

Na gut, Lorbeer, jetzt kannste's mir mal verraten: Seit Jahrzehnten gebe ich dich in Rotkohl, ins Sauerkraut, in Soßen und Eintöpfe, lasse dich behutsam mitkochen, nur um dich dann Stunden später mühsam wieder aus dem Topf zu friemeln und zu entsorgen. Und jetzt mal Hand aufs Herz, beziehungsweise Blatt aufs … äh … Blatt, Lorbeer: Macht das irgendeinen Unterschied? So rein geschmacklich, meine ich? Farblich? Gesundheitlich? Nee, oder? Dachte ich mir. Aber macht man halt so, ne?

Es ist nur so: Ich muss dich ja immer kaufen. Das kostet Zeit, produziert Transportkosten und Müll, und am Ende fehlen die Lorbeerblätter, die ich völlig sinnfrei in mein Gulasch werfe, irgendeinem römischen Kaiser in seinem Kopfschmuck. Das möchte ich auf die Dauer nicht verantworten.

Deshalb folgender Vorschlag: Ich schnitze jetzt einen grünen Tupperware-Deckel in Blattform und lege ihn zuhause in ein Gewürzglas mit der Aufschrift „Lorbeer". Wenn ich dann Gäste zum Essen einlade und die in meiner Küche sitzen und mir beim Kochen zugucken, hole ich den Tupper-Lorbeer aus dem Glas, sage extra laut: „Aaaaah, geht doch nichts über frischen Lorbeer!", gebe ihn in den Topf, lasse ihn ein paar Stunden da rumschwimmen, lege ihn anschließend in die Spülmaschine und dann heimlich wieder ins Glas. Dann spar ich mir die Einkauferei und du kannst ganz entspannt am Baum weiterchillen. Einverstanden?

Und wenn dann meine Gäste auf ihrem Rotkraut herumlutschen, wichtig gucken und sagen: „Also, den Lorbeer, den schmeckt man doch sofort raus", dann kichern wir zwei uns ins Fäustchen bzw. Blättchen. Und dann hoffe ich einfach, dass nicht noch jemand auf meine handbemalten Styropor-Wacholderbeeren beißt.

# Austern

Austern, ich mag euch eigentlich. Oder sagen wir: Ich mochte euch mal. Früher, in meinem ersten Frankreichurlaub, war das. Da saß ich in einer Strandbar, trank ein Glas Wein, hab ein paar Austern geschlürft und dabei aufs Meer geschaut – das hatte schon was. Bis ich dann irgendwann gemerkt habe: „Verdammt, das Ganze macht exakt genauso viel Spaß, wenn man die Austern einfach weglässt! Was muss ich mir denn salzigen Schalentierrotz in den Mund schütten, wenn ich doch genauso gut einfach so aufs Meer schauen kann! Im Zweifel trink ich einfach mehr Wein. Ha, geniale Idee!"

Tja, und ab dann war's vorbei mit uns beiden. Ich glaube aber auch, du bist gar nicht böse, dass ich dich in Frieden lasse, oder, Auster? Noch deutlicher als du kann man sich ja eigentlich gar nicht gegen Verzehr wehren: Du bist teuer, weitgehend geschmacksneutral, bestehst nur aus Glibber, saugst während deiner Wachstumsphase so ziemlich jedes Umweltgift auf, das an dir vorbeischwimmt, und dann versteckst du dich auch noch hinter dieser nahezu unknackbaren Schale. Wie so eine Dame mittleren Alters, die nackt in der Schwimmbadumkleide steht und sich vehement dagegen wehrt, dass irgendein Lüstling die Tür öffnet. Ja, ich hör dich regelrecht schreien, Auster: „Nehmt eure Drecksgriffel weg von mir!"

Was sollst du denn noch machen? Dir ein Radioaktivitäts-Zeichen auf die Schale pinseln? Oder, zwar gelogen, aber heutzutage noch viel abschreckender als Atom: ein Schild mit der Aufschrift „Enthält Gluten!"?

Es nützt alles nichts: Wir Menschen haben dir das Schlimmste angetan, was man Lebensmitteln antun kann. Wir haben dich zur Delikatesse erklärt. Deshalb wirst du jetzt Woche für Woche kistenweise in Feinkostabteilungen geschleppt, nur damit die Uschi und die Hildegard aus Köln-Marienburg samstagmittags in der Karstadt-Genusswelt ein paar von dir aus der Schale kratzen und mit ordentlich Wöff Klikoh runterspülen können, bevor Sie sich zum Schärity-Event in den Lions Club aufmachen.

Auster, du kannst einem leidtun.

Und es wird ja noch doller. Wir haben nicht nur eine Delikatesse aus dir gemacht, nee, wir sagen dir auch noch eine aphrodisierende Wirkung nach. Und die ist nicht nur gänzlich unbewiesen, sie ergibt auch überhaupt keinen Sinn. Denn, Auster, was nützt einem die ganze schöne Manneskraft, wenn der potenzielle Sexualpartner einen völlig fassungslos anstarrt, auf deine leeren Schalen deutet und angewidert fragt: „Hast du die Wabbelviecher gerade ernsthaft gegessen? Also, du fasst mich heute nicht mehr an!" Siehste? Nix! Da steht man dann, mit seinem schönen Austernständer, und darf ihn sich mit dem übrig gebliebenen Crushed Eis von der Meeresfrüchteplatte auf einen unterhosentauglichen Neigungswinkel herunterkühlen. Na, schönen Dank!

Ach Auster, jetzt hab ich fast ein bisschen Mitleid mit dir. Dabei bist du eigentlich ein wirklich faszinierendes Geschöpf! Das Beeindruckendste, was ich über dich gelesen habe, ist nämlich Folgendes: „Der mächtigste Teil der Auster ist der Schließmuskel. Er kann bis zu 40 Prozent der Körpermasse ausmachen".

Wow. 40 Prozent Schließmuskel. Wenn man das jetzt mal auf den Menschen überträgt ...

Ach, das lass ich lieber.

# Crème Brulée

Crème brulée,
du ... du ...

...

...

...

Nee, also an dir finde ich eigentlich alles super.

# Anhang

# Die ersten Leserstimmen

 **Doll, wirklich doll, aber ...**

... man hätte meiner Ansicht nach öfter erwähnen sollen, dass Koriander schnell ein bisschen seifig schmeckt. Seifig! Sehr seifig! Seeeeeeeiiiiiiifig!!!                    (alf_bio_1934)

★★★★★ **Irritiert ...**

... hat uns die teilweise geringe wissenschaftliche Fundierung der Texte. Vor allem bei den Themen Himalayasalz, kosmische Frequenzen und Engels-Kniffel scheint der Autor nicht mit den neuesten Erkenntnissen der „Sphärischen Energie-Universität Atlantis" vertraut zu sein. Schade. Wir geben deshalb fünf ganz ungünstige Sterne mit sehr niedrigem Schwingungswert!

(Schamballah-Jürgen und Gundi „Weise vom Morgenstern")

 **Unverschämtheit ...**

... ich komm' ja gar nicht vor!              *(Soja-Steak)*

# Danke

... an Joachim Schmitt, Ralph Ruthe, Anke Köwenig und Barbara Schwerfel fürs Testlesen, an Reiner Calmund und Torsten Sträter für warme Worte und an Nicola Heinrichs, Oliver Domzalski und Jana Legal für bestens gelaunte Betreuung und Beratung.

# Markus Barth im Netz

Facebook:  www.facebook.com/markusbarth.de
Twitter:  @tweetbarth
Youtube:  www.youtube.com/markusbarth
Homepage: www.markus-barth.de

Dietmar Wischmeyer
**Den Klaren sieht die Leber nicht**
ISBN 978-3-8303-3421-7

Andreas Czech /
Daniel Schmidtmann
**Hilfe, ich hab
Hypochonder!**
ISBN 978-3-8303-3452-1

D E

Michael Holtschulte
**Alles veggie oder was?**
ISBN 978-3-8303-6258-6

Ralph Ruthe / Markus Barth
**Soll das so dunkel?**
ISBN 978-3-8303-3412-5

Polo (Hrsg.)
**Prost. Das Buch zum Bier**
ISBN 978-3-8303-3416-3

2. Auflage 2017

ISBN 978-3-8303-3441-5

Titelfoto: Stefan Mager
Fotos: Markus Barth
Lektorat: Nici Heinrichs
Gestaltung: Monika Swirski

Druck und Bindung: CPI, Leck
Printed in Germany

MIX
Papier aus verantwor-
tungsvollen Quellen
FSC® C083411

**www.lappan.de**